PONS

Reisewörterbuch Thailändisch

bearbeitet von
Jürgen Groll
Wolfgang Schmid

Ernst Klett Sprachen
Barcelona · Budapest · London · Posen · Sofia · Stuttgart

Bildquellen

Bundesverband Selbsthilfe Körperbehinderter, Krautheim: 67; H. Geißel, Stuttgart: 63, 71, 138, 151; J. Groll, Schwäbisch Gmünd: 25, 27, 41, 60, 105, 141; M. Groll, Schwäbisch Gmünd: 15, 79; R. Kämpf, Stuttgart: 56, 61, 93, 99, 100, 103, 110, 115, 119, 127, 132; Stefan Loose Verlag, Berlin: Karten vordere und hintere innere Umschlagseite; A. Proctor, Stuttgart: 36; Thai Airways International Public Company Limited, Frankfurt: 51

Fotoaufnahmen S. 32: Wolpert und Strehle, Stuttgart

PONS Reisewörterbuch
Bearbeitet von:
Jürgen Groll
Wolfgang Schmid

Redaktion:
Barbara Pflüger
Regina Reinboth-Kämpf

1. Auflage 2000 – Nachdruck 2003

Internet: www.pons.de
E-mail: info@pons.de
Umschlaggestaltung: Ira Häußler, Stuttgart
Logoentwurf: Erwin Poell, Heidelberg
Layout und Satz: Fotosatz Kaufmann, Stuttgart
Reproduktionen: Günther Piltz, Stuttgart
Druck: Druckhaus Münster
Printed in Germany

ISBN 3-12-518596-3

Inhalt

INHALT

Inhalt

Die thailändische Schrift

Die Ursprünge der Thais gehen auf Völkerschaften Süd-Chinas zurück. Vom fünften bis zum dreizehnten Jahrhundert wurden die Gebiete, die heute als Thailand bekannt sind, von den Mon und Khmer bevölkert und dominiert. Als sich im dreizehnten Jahrhundert die Völker zu einer Nation zusammenschlossen, behielten sie das kulturelle Erbe ihrer Vorfahren bei und brachten es in ihre neuen Nation mit ein. Die Mon, von der indischen Zivilisation beeinflusst, waren Therawada Buddhisten. Die Khmer hatten den hinduistischen Glauben angenommen, der später durch den Mahayana Buddhismus ersetzt wurde. Die Sprache des Therawada ist Pali, die des Mahayana Sanskrit. So hat sich die moderne thailändische Sprache aus den Sprachen Pali und Sanskrit entwickelt.
Die eigentliche uns heute bekannte Thai-Schrift wurde im 13. Jahrhundert von König Ramkhamhäng entwickelt. Geschrieben wird von links nach rechts. Der Grundwortschatz besteht aus einsilbigen Wörtern. Zwischen den einzelnen Silben bzw. Wörtern werden keine Zwischenräume gelassen. Diese Zwischenräume gibt es nur an den Satzgrenzen. Es gibt keine Groß- und Kleinschreibung und keine Interpunktion.

Alphabet

Das thailändische Alphabet besteht aus 44 Konsonanten und mehr als 30 Vokalen bzw. Vokalverbindungen. Die Konsonanten werden auf bildhafte Weise mit Beispielwörtern gelehrt. Man buchstabiert die Konsonanten indem man an den jeweiligen Konsonanten die Silbe „ɔɔ" anhängt.

Die gebräuchlichen Konsonanten des Thailändischen Alphabets sind:

ก	kɔɔ kài	Huhn
ข	khɔ̌ɔ khài	Ei
ค	khɔɔ khwaai	Wasserbüffel
ฆ	khɔɔ rakhang	Tempelglocke
ง	ngɔɔ nguu	Schlange
จ	dschɔɔ dschaan	Teller

ฉ	schɔ̆ɔ schìng	Zimbel
ช	schɔɔ scháng	Elefant
ซ	sɔɔ sôo	Kette
ฌ	schɔɔ schöö	Baumart
ญ	jɔɔ jĭng	Frau, weiblich
ฎ	dɔɔ schadaa	Thai-Krone
ฏ	tɔɔ patàk	Lanze
ฐ	thɔ̆ɔ thăan	Sockel, Fundament
ฑ	thɔɔ monthoo	Frauenname
ฒ	thɔɔ phûu-thâo	alter Mann
ณ	nɔɔ neen	Novize
ด	dɔɔ dèk	Kind
ต	tɔɔ tào	Schildkröte
ถ	thɔ̆ɔ thŭng	Beutel, Tüte
ท	thɔɔ tháhăan	Soldat
ธ	thɔɔ thong	Fahne, Flagge
น	nɔɔ nŭu	Maus
บ	bɔɔ bai-mái	Blatt
ป	pɔɔ plaa	Fisch
ผ	phɔ̆ɔ phûng	Biene
ฝ	fɔ̆ɔ făa	Deckel
พ	phɔɔ phaan	Schale

ฟ	fɔɔ fan	Zahn
ภ	phɔɔ sămphao	Segelschiff
ม	mɔɔ máa	Pferd
ย	jɔɔ ják	Riese
ร	rɔɔ rüüa	Boot
ล	lɔɔ ling	Affe
ว	wɔɔ wǟän	Ring
ศ	sɔ̌ɔ săalaa	Thai-Pavillion, Halle
ษ	sɔ̌ɔ rüüsǐi	Eremit
ส	sɔ̌ɔ sǚüa	Tiger
ห	hɔ̌ɔ hìip	Kiste
ฬ	lɔɔ dschù-laa	Drachen
อ	ɔɔ-àang	Schüssel
ฮ	hɔɔ nók-hûuk	Eule

Besondere Schwierigkeiten beim Erlernen der Thai-Schrift bereitet die Tatsache, dass es mehr Konsonanten als konsonantische Laute gibt, d.h. dass beispielsweise ein spezieller Laut durch mehrere verschiedene Schriftzeichen dargestellt werden kann. Außerdem gibt es Vokale, die zwar gesprochen, aber nicht geschrieben werden und deshalb anhand der Schrift nicht ohne weiteres erkennbar sind. Solche Vokale werden bei der Aussprache immer dann zwischen zwei Konsonanten eingefügt, wenn nach der Schriftform Konsonanten direkt hintereinander stehen. Beispielsweise wird "thanôn" (Straße) "thnn", d. h. ohne die zwischen den Konsonanten gesprochenen Vokale geschrieben.

Aussprache

Im Thailändischen bestehen die Wörter aus einer oder mehreren Silben, von denen jede ursprünglich eine eigene Bedeutung hatte. Durch eine unterschiedliche Betonung erhalten ähnlich erscheinende Silben eine unterschiedliche Bedeutung.

In asiatischen Sprachen, vor allem im Thailändischen, ist deshalb die richtige Betonung von sinnbestimmender Wichtigkeit.

Beispielsweise wird die Silbe "naa" je nach Betonung mit „Reisfeld", „Fruchtsorte", „Jahreszeit", „Gesicht", „Tante" und „dick" übersetzt. Die noch häufiger gebrauchte Silbe "mai" heißt in Abhängigkeit von der Betonung „nein", „neu", „Seide", „brennen", oder verwandelt als letztes Wort des Satzes diesen zur Frage.

Zur Betonung der Silben gibt es fünf Töne, oder genauer, drei Tonhöhen und zwei „Tonmelodien":

mittlerer Ton (in der Lautschrift ohne Zeichen)
` tiefer Ton
´ hoher Ton (rufend)
ˆ leicht steigender, dann fallender Ton
(z. B. „Was macht er? Er lacht!")
ˇ leicht absinkender, dann ansteigender Ton
(fragend, wie „ja?" oder „so?")

Es ist wohl unumgänglich, sich von einem Thai die „Melodien" anhand einiger Worte vorführen zu lassen. Die Thais sind gerne bereit, Ihnen zu helfen und entsprechende Korrekturen vorzunehmen. Die entsprechende Frage lautet:

kham nîi aan jàang-rai Wie spricht man dieses Wort aus?

Es kostet anfangs bestimmt etwas Überwindung, diese „übertriebenen Silbenmelodien" nachzuempfinden. Doch der schnell einsetzende Erfolg – man versteht mich! – entlohnt einen umgehend für die überwundene Scheu. Daher: nur Mut!
Die Betonung mehrsilbiger Worte erfolgt in der Regel auf der letzten Silbe.
Werden Wortsilben nachfolgend in der Lautschrift durch Bindestrich verbunden, so bedeutet dies, dass es sich um ein zusammengesetztes Wort handelt, wobei die einzelnen Bestandteile dieses Wortes auch einzeln verwandt werden können und eine eigene Bedeutung haben.

Vokale

Es gibt neun Vokale, die jeweils kurz oder lang gesprochen werden:

kurz:	wie:	lang:	wie:
a	Bann	aa	Bahn
e	denn	ee	den
i	in	ii	ihn
o	kommen	oo	Los *(geschlossen)*
ɔ	Ort (*engl.* often)	ɔɔ	Horn (*engl.* hall)
u	muss	uu	Mus

Die folgenden Vokale werden mit breitlächelndem Mund (also nicht den Mund spitzen!) gesprochen:

kurz:	wie:	lang:	wie:
ä	älter	ää	Fähre
ö	öffnen	öö	*engl.* Sir
ü	üppig	üü	üben

Vokalverbindungen

Vokalverbindungen werden so gesprochen, wie sie geschrieben werden. Das bedeutet, dass man die Vokale einzeln hintereinander und nicht als Kombination spricht. Die Betonung liegt grundsätzlich auf dem ersten Vokal der Vokalverbindung.

Konsonanten

Die Konsonanten werden zum großen Teil wie im Deutschen, aber weicher, ausgesprochen:

kh, ph, th	mit einem starken Hauch
k, p, t	nicht gehaucht, wie im Deutschen, sondern Aussprache wie gk, bp, dt, also härter als g, b und d
r	wird von den meisten in Bangkok lebenden Thai überhaupt nicht oder als „l" gesprochen. In Nordthailand (z.B. Chiang Mai) wird ein stark rollendes „r" gesprochen
sch	zwischen „sch" und „dsch"
dsch	wie: *engl.* „John" oder „German"
ng	wie: si-ngen (wenn man das Wort so trennt)
w	wie: *engl.* „what"

„In Thailand kommt man mit Englisch überall durch."

„In Thailand spricht jeder Englisch." Eine Aussage, die nur begrenzt zutrifft. An thailändischen Schulen wird sehr früh Englisch gelehrt. Daher kann man sich in den größeren Städten recht gut mit Englisch verständigen. Aber die Aussprache ist bisweilen so der thailändischen angenähert, dass man schon sehr genau zuhören und fantasievoll interpretieren muss.

Ein weiteres Problem entsteht dadurch, dass aus dem Englischen entlehnte Wörter die ursprüngliche Abfolge der Schriftzeichen beibehalten, die Aussprache jedoch den thailändischen „Sprach-Eigenheiten" angepasst wird. So können thailändische Silben, sofern sie auf einen Konsonanten enden, ausgesprochen nur auf bestimmte Konsonanten enden. Ein „l" am Ende einer Silbe wird deshalb beispielsweise bei der Aussprache regelmäßig zu einem „n" und ein „s" zu einem „t":

nɔɔ-män bat (→ *normal bus)*

Schon allein die Betonung der letzten Silbe kann ein Wort sehr verfremden. Vor allem in Bangkok und im Süden wird „r" als „l" oder überhaupt nicht gesprochen:

li-a-li? (→ *really?)*
lä-di-oo (→ *radio)*

Es gibt nur wenige Konsonantenverbindungen, die der Thai ausspre-chen kann, ohne dass bei der Aussprache ein Vokal zwischen zwei Kon-sonanten geschoben wird:

sa-mail (→ *smile)*
sa-liib (→ *sleep)*

Stehen nach der Schrift zwei Konsonanten am Ende einer Silbe, wird bei der Aussprache oft der letzte Konsonant unterdrückt:

sa-täm (→ *stamp)*

Weitere Beispiele:

a-bard-men (→ *Appartment)*
ai-lab-juu (→ *I love you)*
scheck-bin (→ *check-bill)*
di-sa-go (→ *disco)*
ket-hao (→ *guest-house)*
häb (→ *have)*
thu-mad (→ *too much)*
o-fid (→ *office)*
phom-phen (→ *problem)*
pho-si-pen (→ *possible)*
söö-wit (→ *service)*
dschua (→ *sure)*
wai (→ *wife)*

Abkürzungen im Reisewörterbuch

adj	Adjektiv, Eigenschaftswort
adv	Adverb, Umstandswort
etw.	etwas
Ggs.	Gegensatz
jdn.	jemanden
med.	medizinisch
pers prn	Personalpronomen, persönliches Fürwort
poss prn	Possessivpronomen, Besitz anzeigendes Fürwort
s.	sich
v	Verb, Zeitwort

Einige Ortsnamen

บางแสน	Bang Saen	พังงา	Phangnga
บุรีรัมย์	Buriram	เพชรบุรี	Phetchaburi
จันทบุรี	Chantaburi	พิมาย	Phimai
เชียงใหม่	Chiang Mai	พิษณุโลก	Phitsanulok
เชียงราย	Chiang Rai	ภูเก็ต	Phuket
เชียงแสน	Chiang Saen	ราชบุรี	Ratchaburi
ชลบุรี	Chonburi	ระยอง	Rayong
ชุมพร	Chumphon	สมุทรปราการ	Samut Prakan
หาดใหญ่	Hat Yai	สระบุรี	Saraburi
หัวหิน	Hua Hin	สัตหีบ	Sattahip
กำแพงเพชร	Kamphaeng Phet	ศรีราชา	Si Racha
กาญจนบุรี	Kanchanaburi	ศรีสะเกษ	Si Saket
ขอนแก่น	Khon Kaen	ศรีสัชนาลัย	Si Satchanalai
เกาะสมุย	Koh Samui	สงขลา	Songkhla
กระบี่	Krabi	สุโขทัย	Sukhothai
ลำปาง	Lampang	สุราษฎร์ธานี	Surat Thani
ลำพูน	Lamphun	สุรินทร์	Surin
ลพบุรี	Lopburi	ตาก	Tak
แม่ฮ่องสอน	Mae Hong Son	ตรัง	Trang
นครปฐม	Nakhon Pathom	ตราด	Trat
น่าน	Nan	อุบลราชธานี	Ubon Ratchathani
นราธิวาส	Narathiwat	อุดรธานี	Udon Thani
นนทบุรี	Nonthaburi	ยะลา	Yala
พัทยา	Pattaya		

Allgemeines

Land des Lächelns
Wenn Thailand als „Land des Lächelns" bezeichnet wird, ist dies nicht nur eine Werbe-Phrase. Tatsächlich sind die Thai ein sehr gastfreundliches, entgegenkommendes und tolerantes Volk. Trotzdem sollte man nicht vergessen, dass ein völlig anderer Kulturkreis diese Menschen geprägt hat und als Gast die wichtigsten Regeln dieses Landes achten und einhalten.
Sicherlich wird auch der bemühte **farang** (Westler) im Kontakt mit den Thailändern unfreiwillig immer wieder Verhaltensfehler begehen. Ein freundliches Lächeln kann auch dann Wunder bewirken.

Einige der wichtigsten Verhaltensregeln finden Sie auf Seite 30.

Das Wichtigste in Kürze

Ja.	**schâi/khráb/khâ**
Nein.	**mâi schâi**

Für „Ja" genügt oftmals die Verwendung der Höflichkeitspartikel **khâ** bzw. **khráb**. Auch durch dieeinfache Wiederholung des Verbs aus dem Fragesatz wird Zustimmung ausgedrückt. Entsprechend bedeutet die Wiederholung des Verbs mit vorangestelltem **mâi** (nicht) die Verneinung und kann einfach mit „nein" übersetzt werden.

Bitte.	**karunaa/khɔ̌ɔ**
Danke!	**khɔ̀ɔb khun**
Keine Ursache!	**mâi-pen-rai**
Wie bitte?	**arai ná**
Selbstverständlich!	**schád-dschään**
Einverstanden! / Okay! / In Ordnung!	**tòklong**
Verzeihung!	**khɔ̌ɔ-thôot**
Einen Augenblick, bitte!	**rɔɔ dǐiao**
Genug!	**phɔɔ lấäo**
Hilfe!	**schûai dûai**
Achtung! / Vorsicht!	**rawang**
Wer?	**khrai**

Was?	**arai**
Welcher/Welche/Welches?	**khrai/arai**
Wem?/ Wen?	**khrai**
Wo?	**thîi-năi**
Wo ist/ Wo sind ...?	**... jùu thîi-năi**
Woher?	**dschàak năi**
Wohin?	**pai năi**
Warum?	**thamai**
Wofür?/ Wozu?	**phrɔ́ arai**
Wie?	**jang-rai, jang-ngai**
Wie viel?	**thâorai/kìi**
Wie lange?	**weelaa naan thâorai**
Wann?	**mûarai**
Ich möchte ...	**phŏm jàak ...**
Gibt es ...?	**mii ... măi**

Zahlen – Maße – Gewichte

Das Zahlensystem ähnelt dem chinesischen; die Worte sind wie die Ziffern innerhalb der Zahlen aufgebaut (Hunderter – Zehner – Einer). 243 heißt demnach: **sɔ̆ɔng-rɔ́ɔi-sìi-sìb-săam** („zweihundert vierzig-drei").

0	๐	**sŭun**
1	๑	**nùng**
2	๒	**sɔ̆ɔng**
3	๓	**săam**
4	๔	**sìi**
5	๕	**hâa**
6	๖	**hòk**
7	๗	**dschèd**
8	๘	**pàäd**
9	๙	**kâao**
10	๑๐	**sìb**
11	๑๑	**sìb-èt**

12	๑๒	sìb-sɔ̌ɔng
13	๑๓	sìb-sǎam
14	๑๔	sìb-sìi
15	๑๕	sìb-hâa
16	๑๖	sìb-hòk
17	๑๗	sìb-dschèd
18	๑๘	sìb-pǎäd
19	๑๙	sìb-kâao
20	๒๐	jîi-sìb
21	๒๑	jîi-sìb-èt
22	๒๒	jîi-sìb-sɔ̌ɔng
23	๒๓	jîi-sìb-sǎam
24	๒๔	jîi-sìb-sìi
25	๒๕	jîi-sìb-hâa
26	๒๖	jîi-sìb-hòk
27	๒๗	jîi-sìb-dschèd
28	๒๘	jîi-sìb-pǎäd
29	๒๙	jîi-sìb-kâao
30	๓๐	sǎam-sìb
31	๓๑	sǎam-sìb-èt
32	๓๒	sǎam-sìb-sɔ̌ɔng
40	๔๐	sìi-sìb
50	๕๐	hâa-sìb
60	๖๐	hòk-sìb
70	๗๐	dschèd-sìb
80	๘๐	pǎäd-sìb
90	๙๐	kâao-sìb
100	๑๐๐	(nùng-)rɔ́ɔi
101	๑๐๑	rɔ́ɔi-nùng
200	๒๐๐	sɔ̌ɔng-rɔ́ɔi
300	๓๐๐	sǎam-rɔ́ɔi
1000	๑๐๐๐	(nùng-)phan
2000	๒๐๐๐	sɔ̌ɔng-phan
3000	๓๐๐๐	sǎam-phan
10 000	๑๐๐๐๐	(nùng-)mùün
100 000	๑๐๐๐๐๐	(nùng-)sǎän
1 000 000	๑๐๐๐๐๐๐	(nùng-)láan

Ordnungszahlen werden durch Hinzufügen der Vorsilbe **thîi** gebildet.

1.	thîi-nùng
2.	thîi-sɔ̌ɔng
3.	thîi-sǎam

4.	thîi-sìi
5.	thîi-hâa
6.	thîi-hòk
7.	thîi-dschèd
8.	thîi-pàäd
9.	thîi-kâao
10.	thîi-sìb
1/2	khrûng
1/3	sep-nùng-sûan-săam
3/4	săam-sûan-sìi
2,4	sɔ̆ɔng dschùd sìi
3%	săam pöösèn
27 °C	jîi-sìb-dschèd ɔɔngsaa
–5 °C	lób hâa ɔɔngsaa
1999 *(Jahr)*	pii nùng-phan-kâao-rɔ́ɔi-kâao-sìb-kâao
2000 *(Jahr)*	pii sɔ̆ɔng-phan
2001 *(Jahr)*	pii sɔ̆ɔng-phan-nùng

Die buddhistische Zeitrechnung weicht in den Jahreszahlen von unserer ab. So ist man uns in Thailand um 543 Jahre voraus: Jahr a. D. entspricht Jahr + 543 nach Gautama Buddha, also ist 1999 z. B. das Jahr 2542 buddhistischer Zeitrechnung.
Der chinesische Zwölfjahreszyklus, wonach jedem der zwölf Jahre ein Tiersymbol zugeordnet ist, bestimmt auch den thailändischen Kalender. Die Bezeichnung der Tiersymbole stammt aus dem Chinesischen und hat mit den thailändischen Tiernamen nichts zu tun.

1999	**Hase**	**thɔ̀**
2000	**Drache**	**maroong**
2001	**Schlange**	**masĕng**
2002	**Pferd**	**mamia**
2003	**Ziege**	**mamää**
2004	**Affe**	**wɔ̂ɔk**
2005	**Hahn**	**rakaa**
2006	**Hund**	**schɔɔ**
2007	**Schwein**	**kun**
2008	**Ratte**	**dschûat**
2009	**Rind**	**dschalùu**
2010	**Tiger**	**khaan**

Millimeter	millimêet
Zentimeter	sentimêet
Meter	mêet
Kilometer	kìlomêet

Typische thailändische Längen- und Flächenmaße:	
hun	1/8 inch (1 inch = 2,54 cm)
níu	0,83 bis 1 inch
khûub	25 cm oder ca. 9,84 inches
fút	Fuß (30,48 cm oder 12 inches)
lăa	Yard (0,914 m)
sɔ̀ɔk	50 cm
waa	2 m
sên	40 m
taaraang-waa	4 qm
ngaan	400 qm
râi	1600 qm

Liter	**lít**
Gramm	**kram**
Pfund	**pɔ̀ɔn**
Kilogramm	**kiloo**
Dutzend	**lŏ**

Typisch thailändische Maße und Gewichte:	
karat	1 Karat
schâng	0,6 kg
thăng	Eimer
sàd	Scheffel
hàab	60 kg
bân	1000 l
khwiian	2000 l

Zeitangaben

Uhrzeit

Zur Darstellung der Uhrzeit gibt es zwei „Zeitsysteme“: Das traditionelle, das den Tag in vier Sechs-Stunden-Abschnitte aufteilt (Uhrzeit wird mit **moong** angegeben), und das offizielle 24-Stunden-System (Uhrzeit wird mit **naalikaa** angegeben), wie es auch bei uns verwendet wird. Die Zeitverschiebung zur mitteleuropäischen Zeit (MEZ) beträgt plus sechs Stunden, während der Sommerzeit plus fünf Stunden.
Die Bezeichnungen „Viertel vor ...“, „Viertel nach ...“, „halb ...“ oder „... vor ...“ gibt es im Thailändischen nicht. Die Stundenaufteilung erfolgt in Minuten.

Wie viel Uhr ist es?	**kìi moong lǽäo**
Es ist (genau/ungefähr) ...	**dǐiao-níi weelaa ... trong weelaa/ dǐiao-níi weelaa pramaan ...**
3 Uhr.	**weelaa săam naalikaa**
5 nach 3.	**weelaa săam naalikaa hâa naathii**
3 Uhr 10.	**weelaa săam naalikaa sìb naathii**
Viertel nach 3.	**weelaa săam naalikaa sìb-hâa naathii**
halb 4.	**weelaa săam naalikaa săam-sìb naathii**
Viertel vor 4.	**weelaa săam naalikaa sìi-sìb-hâa naathii**
5 vor 4.	**weelaa săam naalikaa hâa-sìb-hâa naathii**
13 Uhr.	**sìb-săam naalikaa**

Zeitangaben im traditionellen System:

• Mitternacht	**thîiang khüün**
• 01:00 – 05:00 Uhr	**tii ...**
z. B. 01:00	**tii nùng**
03:20	**tii săam jîi-sìb naathii**
• 06:00	**hòk moong scháao**
• 07:00 – 11:00 Uhr	**... moong scháao**
z. B. 07:00	**nùng moong scháao**
09:35	**săam moong scháao săam-sìb-hâa naathii**
• 12:00 Uhr	**thîiang wan**
• 13:00 – 17:00 Uhr	**bàai ... moong**
z. B. 14:00	**bàai sɔ̆ɔng moong**
• 18:00 Uhr	**hòk moong jen**
• 19:00 – 23:00 Uhr	**... thûm**
z. B. 22:00	**sìi thûm**

Um wie viel Uhr? / Wann?	**kìi moong / mûarai**
Um 14 Uhr.	**weelaa sìb-sìi naalikaa**
Gegen 16 Uhr.	**pramaan sìb-hòk naalikaa**
In einer Stunde.	**ìik nùng schûa-moong**
In zwei Stunden.	**ìik sɔ̆ɔng schûa-moong**
Nicht vor 9 Uhr morgens.	**jang mâi kɔ̀ɔn kâao naalikaa**

Nach 8 Uhr abends.	**lăng dschàak jîi-sìb naalikaa**
Zwischen 13 und 14.	**rá-wàang weelaa sìb-săam thŭng sìb-sìi naalikaa**
Wie lange?	**weelaa naan thâorai**
Zwei Stunden (lang).	**sɔ̆ɔng schûa-moong**
Von 10 bis 11.	**rá-wàang weelaa sìb thŭng sìb-èt naalikaa**
Bis 17 Uhr.	**thŭng sìb-dschèd naalikaa**
Seit wann?	**tâng-tàä mûarai**
Seit 8 Uhr morgens.	**tâng-tàä pàäd naalikaa**
Seit einer halben Stunde.	**tâng-tàä khrûng schûa-moong**
Seit acht Tagen.	**tâng-tàä pàäd wan**

abends	tɔɔn-jen
am (nächsten) Sonntag	nai wan-aathít nâa
am (nächsten) Wochenende	nai săo-aathít nâa
bald	nai mâi scháa/prà-dĭiao
letzte/diese/nächste Woche	aathít thîi-lɑ́äo/níi/nâa
gegen Mittag	rá-wàang thĭiang
gestern	mûa-waa-níi
heute	wan-níi
heute Morgen/Abend	tɔɔn-scháao/tɔɔn-jen wan-níi
in 14 Tagen	nai sɔ̆ɔng aathít
innerhalb einer Woche	phaai-nai weelaa nùng aathít
jeden Tag	thúk wan
jetzt	dĭiao-níi
kürzlich	mûa reo-reo níi
letzten Montag	wan-dschan thîi-lɑ́äo
manchmal	baang-thii
mittags	thĭiang-wan
morgen	phrûng-níi
morgen früh/Abend	tɔɔn-scháao/tɔɔn-jen phrûng-níi
morgens/vormittags	tɔɔn-scháao
nachmittags	tɔɔn-bàai
nächstes Jahr	pii nâa
nachts	klaang khüün
stündlich	thúk schûa-moong
täglich	thúk wan
tagsüber	klaang wan
übermorgen	marüün-níi
um diese Zeit	nai-weelaa-níi

von Zeit zu Zeit	baang-thii
vor zehn Minuten	sìb naathii thîi-lááo
vorgestern	mûa-waan-süün-níi

Wochentage

Die Wochentage, nach Sonne, Mond und Planeten benannt, beginnen alle mit **wan** (Tag). Für jeden Tag gibt es traditionsgemäß eine Farbe, die dem Träger der entsprechenden Kleidung Glück bringen soll:

Sonntag	rot
Montag	cremefarben
Dienstag	lila, rosa
Mittwoch	grün
Donnerstag	orange
Freitag	blau
Samstag	schwarz

Weitere Aberglauben, wie z. B. die Bedeutung des Haareschneidens an bestimmten Tagen, geraten mehr und mehr in Vergessenheit. Dennoch haben am Mittwoch, dem Tag großen Unglücks, die meisten Frisöre nach wie vor geschlossen.

Montag	wan-dschan
Dienstag	wan-angkhaan
Mittwoch	wan-phút
Donnerstag	wan-phárűhàt
Freitag	wan-sùk
Samstag	wan-sào
Sonntag	wan-aathít

Monate

Januar	mókharaakhom
Februar	kumphaaphan
März	miinaakhom
April	meesăajon
Mai	phrűtsaphaakhom
Juni	míthunaajon
Juli	karákadaakhom
August	sínghăakhom
September	kanjaajon
Oktober	tulaakhom
November	phrűtsadschikaajon
Dezember	thanwaakhom

Jahreszeiten

heiße Jahreszeit	rűduu rɔ̂ɔn
Regenzeit	rűduu fŏn
kühle Jahreszeit	rűduu năao

Feiertage

Neujahr	wan-pii-mài
Weihnachten	wan-khrítsamâat
Silvesterabend	wan-khüün-pii-mài
Nationalfeiertag	wan-jùd-hằäng (taam lamdapwan)
Chinesisches Neujahr (Ende Januar/Anfang Februar)	wan-trùt-dschiin
Tag der Gründung Bangkoks (6.4.)	wan-dschàkri
Thailändisches Neujahr (13.4.)	wan-sŏngkraan
Maifeiertag (1.5.)	wan-rääng-ngaan
Krönungstag (5.5.)	wan-schàt-mongkhon
Tag des ersten Pflügens (Anfang Mai)	wan-phûtscha-mongkhon
Königlicher Geburtstag: Königin (12.8.), König (5.12.)	wan-schalő̈öm-phrá-schonmaphansăa
Gedenktag des Todes Ramas V./ Chulalongkorn-Tag (23.10.)	wan-pìjá-mahăarâat
Tag der thailändischen Demokratie (10.12.)	wan-rát-thathamanuun

Buddhistische Feiertage	wan-jùd-thaang-sàa-sànăa
Tag der ersten Gemeinde (Februar)	wan-maakábuuschaa
Geburts-, Erleuchtungs- u. Todestag Buddhas (Mai)	wan-wísăakábuuschaa
Tag der ersten Predigt (Juli)	wan-aasăalahabuuschaa
Beginn der buddhistischen Fastenzeit (Juli)	wan-khâo-phansăa
Ende der buddhistischen Fastenzeit (Oktober)	wan-ɔ̀ɔk-phansăa
Lichterfest (November)	wan-lɔɔi-kràthong

Datum

Den Wievielten haben wir heute?	**wan-níi wan thîi thâorai**
Heute ist der 1.März.	**wan-níi wan thîi nùng miinaakhom**

Wetter

Im Frühsommer (Regenzeit) kann es bei hoher Luftfeuchtigkeit sehr heiß werden. Durch sintflutartige Regenfälle überflutete Straßen sind nichts Ungewöhnliches. Die wesentlich angenehmere Jahreszeit – allerdings mit weniger reichhaltiger Vegetation und Früchtevielfalt – trifft man in den Monaten November bis Februar an.

Was für ein herrliches/ schreckliches Wetter!	**ôo wan-níi aakàat dii/mâi dii**
Es ist kalt/heiß/schwül.	**aakàat jen/rɔ́ɔn/ɔɔp-âao**
Es ist windig.	**aakàat mii lom**
Es bleibt schön/schlecht.	**aakàat dschà khong dii/mâi dii**
Es wird wärmer/kälter.	**aakàat dschà rɔ́ɔn/jen khûn**
Es wird regnen.	**fǒn dschà tòk**

Ang Thong Marine National Park

Wie viel Grad haben wir heute?	**wan-níi aakàat rɔ́ɔn kìi ɔɔngsaa**
Es ist 20 Grad.	**dǐiao-níi jîi-sìb ɔɔngsaa**
Die Straßen sind überschwemmt.	**thanôn thûam láäo**

bewölkt — fáa mii mêek
Blitz — fáa lâäp
Bö — lom dschat

Donner	fáa rɔ́ɔng
Ebbe	náam long
Flut	náam khûn
Gewitter	phaa-jú
heiß	rɔ́ɔn
Hitze	khwaam-rɔ́ɔn
Hitzewelle	khlün-rɔ́ɔn
kalt	jen/năao
Luft	aakàat
Monsun	morasŭm
nass	pìiak
Nebel	mɔ̀ɔk
Regen	fŏn-tòk
Regenschauer	fŏn-tòk-nàk
Regenzeit	rŭduu-fŏn
regnerisch	mii fŏn mâak
Schnee	hímà
schwül	ɔɔp-âao
Sonne	phrá-aathít
sonnig	mii sǎäng-dääd
Temperatur	unahaphuum
warm	ùn
wechselhaft	aakàat plàä plìian
Wettervorhersage	tham-naai-aakàat
Wind	lom
Windstärke	khwaam-rääng-khɔ̆ng-lom
Wolke	mêek

Farben

beige	sǐi kaakii
blau	sǐi náam-ngöön
braun	sǐi náam-taan
farbig	mii sǐi
einfarbig	jàang-sǐi-diiao
gelb	sǐi lǚüang
golden	sǐi thɔɔng
grau	sǐi tháo
grün	sǐi khǐiao
lila	sǐi mûang
orange	sǐi sôm
rosa	sǐi schomphuu
rot	sǐi dääng
schwarz	sǐi dam
silbern	sǐi ngön
violett	sǐi mûang
weiß	sǐi khăao
hell ...	ɔ̀ɔn ...
dunkel ...	kàä ...

Zwischenmenschliches

Ich und du
Im Thailändischen wird zwischen weiblichem und männlichem „ich" (**dischăn** und **phŏm**) unterschieden.
(Tatsächlich gibt es ein kompliziertes System von „Ich"- und „Du"-Formen in Abhängigkeit von der gesellschaftlichen Stellung des Gesprächspartners. Als gebräuchlichster „Mittelweg" sollten jedoch **dischăn** und **phŏm** ausreichen). Das gilt auch für die – nicht übersetzbaren – Höflichkeitspartikel **khâ** (weibl.) und **khráb** (männl.).
D. h. um einen Satz höflich auszusprechen, sollte immer ein **khâ** (von Frauen) bzw. ein **khráb** (von Männern) angehängt werden.
Im Folgenden werden aus Gründen der Vereinfachung und der besseren Übersichtlichkeit Höflichkeitspartikel weitgehend weggelassen und bei Personalpronomen die männlichen Formen verwendet.

Begrüßung und Verabschiedung

Begrüßung

Höflichkeit großgeschrieben
Der **wai** (siehe auch Seite 32 linkes Bild oben) ist sowohl die traditionelle Begrüßung und Verabschiedung ohne Worte als auch eine zeremonielle Geste des Respekts und religiöser Verehrung. Die Höhe der vor der Brust oder dem Gesicht mit den Handflächen zusammengelegten Hände und die Tiefe einer eventuellen zusätzlichen Verbeugung drücken dabei das Ausmaß des gezeigten Respekts aus.
In jeder denkbaren Situation der Begegnung ergreift der in der sozialen Rangordnung Statusniedrigere die Initiative und erhebt die Hände zum **wai**. So grüßt beispielweise das Kind den Erwachsenen, der Jüngere den Älteren und der Arbeiter seinen Vorgesetzten.
Der **wai** wird grundsätzlich mit einem **wai** erwidert, stets jedoch weniger hoch angesetzt.
Thais lernen den Umgang mit dem **wai** von frühester Kindheit an; dem Reisenden wird es kaum gelingen, den **wai** einigermaßen fehlerfrei anzuwenden. Um eventuelle Peinlichkeiten zu vermeiden, sollte er sich auf eine leichte Verbeugung des Oberkörpers oder des Kopfes oder auch nur auf ein einfaches Lächeln beschränken.

Guten Morgen! / Guten Tag! / Guten Abend! / Hallo! / Grüß Dich!	**sawàt-dii**
Wie ist Ihr Name, bitte? / Wie heißt du?	**khun schûu arai**
Ich heiße ...	**phŏm schûu ...**

Neben einem richtigen Namen besitzen alle Thailänder auch einen Spitznamen, wie beispielsweise **kòb** (Frosch), **nuu** (Ratte) oder **mäao** (Katze). Diese Spitznamen erhalten die Thais schon als Babys und begleiten den Thailänder sein Leben lang. Sie sollen die Aufmerksamkeit der Geister ablenken

Wie geht es Ihnen?/ Wie geht's?	**khun sabaai dii rű plàao**
Danke. Und Ihnen/dir?	**phŏm sabaai dii lấ khun sabaai dii rű plàao**

Vorstellung

Darf ich Sie bekannt machen?	**nấnam hâi khun rúu-dschàk khăo măi**
Das ist Frau/Fräulein/ Herr X. ...	**níi khüü khun ...**
mein Mann.	**săamii phŏm**
meine Frau.	**phanrajaa phŏm**
mein Sohn.	**lûuk-schaai phŏm**
meine Tochter.	**lûuk-săao phŏm**
mein Freund/ meine Freundin.	**phûüan phŏm**

Abschied

Auf Wiedersehen!	**laa-kɔ̀ɔn**
Bis bald!/ Bis später!	**phób kan mài**
Bis morgen!	**phób kan mài phrûng-níi**
Gute Nacht!	**raatrii-sawàt**
Tschüs!	**bai-bai**
Gute Reise!	**sawàt-dii phâap**

Höflichkeit

„Benimm-ABC"
Bezahlen: Es zahlt immer der Einladende oder der „Reichere"; Getrenntzahlen ist unüblich.
Essgewohnheiten: Man isst meist mit Löffel **(schɔ̂ɔn)** und Gabel **(sɔ̂ɔm)**, seltener mit Stäbchen **(takìab)**. Den Löffel hält man in der rechten, die Gabel in der linken Hand.
Fingerzeigen: Gilt immer als unhöflich. Lediglich zum Erfragen eines Preises auf dem Markt kann es sparsam eingesetzt werden.
Füße: Die Füße gelten als unreinster Teil des menschlichen Körpers. Man darf daher niemals mit dem Fuß auf jemanden zeigen. Dies gilt vor allem gegenüber Mönchen und Buddha-Figuren. Achtung, beim Sitzen nicht die Beine ausstrecken oder übereinander legen, man könnte versehentlich mit dem Fuß auf jemanden zeigen. Beim Essen auf dem Boden darf man niemals über die Speisen steigen. Ein echtes Sakrileg wäre es, eine auf den Boden gefallene Münze mit dem Fuß am Wegrollen hindern zu wollen, denn auf dieser ist der König abgebildet!
Kleidung: Trotz der inzwischen sehr westlich orientierten Lebensweise in Bangkok erweckt zu freizügige Kleidung nach wie vor Missfallen. Z.B. darf man Tempel nicht mit kurzen Hosen betreten.
König: Die Thai sind sehr stolz auf ihren guten König und verehren ihn sehr. Man sollte niemals abfällig oder witzelnd über ihn oder das Königshaus reden. Nahezu überall findet man sein Bild nahe der Decke hängen. Der Grund dafür ist, dass niemand seinen Kopf über den des Königs erheben soll.
Kopf und Haar: Als „Sitz der Seele" dürfen Kopf und Haar nicht berührt werden. Geschieht dies aus Versehen, sollte man sich entschuldigen.
Kritik: Direkte Kritik, vor allem in der Öffentlichkeit, ist unbedingt zu vermeiden, da der Kritisierte dadurch sein „Gesicht verlieren" kann (**nàa tääk:** „Gesicht zerbrechen"). Der Umgang der Thais untereinander, aber auch mit Ausländern, ist daher auf Konfliktvermeidung ausgerichtet. Wenn nötig, kritisiert man „durch die Blume".
Lächeln: Am besten immer. Das Lächeln hilft als „Allheilmittel" in zahllosen Situationen weiter. Vor allem bei kleinen Verletzungen der Verhaltensregeln wird es als Entschuldigung akzeptiert.
Launen: Dürfen nicht gezeigt werden. Man sollte sanft sprechen, ohne die Stimme zu erheben. Das (leider meist berechtigte) Vorurteil der Thai, dass die **farangs** laute Büffel seien, sollte man möglichst nicht bestätigen.
Mönche: Sind immer mit Respekt zu behandeln. Von Frauen dürfen sie nicht berührt werden.
Schmeicheln: Ist besonders beliebt.

Schuhe: Werden vor der Türschwelle eines Tempels oder einer Wohnung ausgezogen (auch wenn der Gastgeber anbietet, man könne sie anbehalten).
Türschwelle: Als „Sitz des glücksbringenden Hausgeistes" sollte auch die Türschwelle nie mit dem Fuß berührt werden. Fort wäre das Glück!
Werfen von Gegenständen: Gilt als Zeichen sehr schlechter Manieren und sollte unbedingt unterlassen werden.

Bitte und Dank

Bitte.	**karunaa/khɔ̌ɔ**
Gestatten Sie?	**khun ànú-jâat mǎi**
Können Sie mir bitte helfen?	**khɔ̌ɔ schûai nɔ́ɔi**
Danke!	**khɔ̀ɔb khun**
Danke, sehr gern!	**ao khɔ̀ɔb khun khráb**
Das ist nett, danke.	**dii mâak lööi khɔ̀ɔb khun**
Bitte sehr. / Gern geschehen.	**mâi-pen-rai**

„Bitte" und „Danke" werden im Thailändischen nur sehr sparsam verwendet. „Bitte" ist in der Wahl eines höflichen Ausdrucks enthalten. Um etwas zu erbitten, verwendet man das Wort **khɔ̌ɔ** („ich bitte um", „ich möchte gerne", „ich hätte gerne"). Noch höflicher ist **karunaa.** „Danke" ist nur dann angebracht, wenn man ausdrücken möchte, wie angenehm etwas war. „Danke" heißt **khɔ̀ɔb khun (mâak) khráb/khâ.** Die Antwort darauf lautet regelmäßig einfach **khráb/khâ** oder **mâi-pen-rai,** was in etwa „nicht der Rede wert" oder „ist schon in Ordnung" bedeutet. Die Gefälligkeit eines Dienstboten quittiert man mit einem freundlichen Lächeln.

Entschuldigung

Auch als Entschuldigung bewirkt ein Lächeln Wunder.

Entschuldigung!	**khɔ̌ɔ-thôot**
Es war nicht so gemeint.	**mâi dâi mǎai khwaam wâa jàang-nàn**
Das ist leider nicht möglich.	**mâi mii khwaam-dschampen**

Körpersprache

„Wai" – traditionelle Begrüßung und Verabschiedung ➢ S.28

Ich will nicht!

Respektbekundung – gebückte Haltung beim Vorübergehen ➢ S.33

Ich muss erst mal darüber nachdenken.

Gehen wir etwas essen?

Bitte lächeln!

Glückwunsch

Herzlichen Glückwunsch!	**khɔ̌ɔ sadääng khwaam-jindii**
Alles Gute zum Geburtstag!	**sùksàn wan-kòöd**
Viel Erfolg!	**khɔ̌ɔ hâi khun prasòb khwaam-sămrèd**
Viel Glück!	**schôok-dii**
Gute Besserung!	**khɔ̌ɔ hâi aakaan dii khûn**

Höhenregeln
Der Kopf ist Sitz der Seele und stellt für die Thais der wichtigste Körperteil dar, während die Füße als niedrigster und schmutzigster Teil des Körpers gelten. Es ist deshalb für einen Thai tabu, über den Körper oder gar den Kopf eines anderen Menschen zu steigen.
Die „Höhenregeln" verlangen von einem Thai, dass er respektvoll den Oberkörper neigt, wenn er sich beispielsweise an einem sitzenden Erwachsenen vorbei bewegt (siehe auch Bild Seite 32, linke Spalte, Mitte). Im Idealfall sollte die Höhenlinie des Gehenden die des Sitzenden nicht überragen. Dies lässt sich jedoch im täglichen Leben kaum umsetzen und ist nur selten zu beobachten. Im Regelfall genügt es, den Körper respektvoll leicht zu neigen, um für jeden sichtbar zum Ausdruck zu bringen, dass man den Sitzenden nicht haushoch überragen will.

Meinung und Gefühle

Zustimmung

Gut.	**dii**
Richtig.	**thùuk-tɔ̂ng**
Das stimmt.	**schâi**
Das finde ich (sehr) gut.	**phŏm schɔ̂ɔb (mâak)**
Mit Vergnügen!	**dûai khwaam-phlôd-phlön-dschai**

Ablehnung

Ich will nicht.	**phŏm mâi tông-kaan**
Dazu habe ich keine Lust.	**phŏm mâi mii aarom thîi dschà tham**
Ich bin nicht einverstanden.	**phŏm mâi tòk-long**

Das kommt nicht in Frage!	**mâi jàak ráb rúu**
Auf gar keinen Fall!	**mâi khööi lööi**

Vorlieben

Das gefällt mir (nicht).	**phŏm (mâi) schɔ̂ɔb**
Ich möchte lieber ...	**phŏm schɔ̂ɔb ... mâak kwàa**
Am liebsten wäre mir ...	**dschà thùuk-dschai phŏm thîi-sùd thâa ...**

Unentschiedenheit

Das ist mir egal.	**phŏm mâi sŏn-dschai**
Ich weiß noch nicht.	**phŏm jang mâi rúu**
Vielleicht.	**baang-thii**
Wahrscheinlich.	**nâa-dschà-pen-pai-dâi**

Freude – Begeisterung

Großartig!	**dii mâak**
Prima!	**jɔ̂ɔd-jîiam**
Toll! / Super!	**sùt-jɔ̂ɔd/dii thîi-sùd**

Erstaunen – Überraschung

Ach so!	**jàang-nan-rŭü**
Wirklich?	**dsching rű plàao**
Unglaublich!	**mâi-nâa-schûüa**

Ärger

Das ist ärgerlich.	**nii nâa-moohŏo**
So ein Mist.	**aí bâa**
Jetzt reicht's!	**phɔɔ lááo**

Bedauern – Enttäuschung

Es tut mir Leid.	**khɔ̆ɔ-thôot**
Schade!	**nâa-sĭia-daai**

Komplimente

Wie herrlich!	**ngaam-sa-ngàa**
Wie nett von Ihnen!	**khun nâa-rák mâak**
Es ist wirklich traumhaft hier!	**thîi-níi sŭai thîi-sùd**
Was für ein niedliches Kind.	**dèk nâa-rák**
Sie sprechen aber sehr gut Englisch/Deutsch.	**khun phûud phaasăa angrìd/ phaasăa jööraman kèng mâak**
Wir haben selten so gut gegessen wie bei Ihnen.	**mâi bɔ̀ɔi kin aahăan thîi arɔ̀i mŭan thîi-níi**
Wir haben uns bei Ihnen sehr wohl gefühlt.	**rao sabaai sabaai jùu kàb khun**

angenehm	**phɔɔ-dschai**
beeindruckend	**nâa-prà-tháb-dschai**
freundlich	**jàang-dschai-dii**
gemütlich	**sabaai**
hübsch	**sŭai**
lecker	**arɔ̀i**
liebenswürdig	**nâa-rák**
schön	**sŭai mâak**

Smalltalk

Angaben zur Person

Wie alt sind Sie/ bist du?	**khun aajú thâorai**
Ich bin 30.	**phŏm aajú săam-sìb pii**
Was machen Sie/ machst du beruflich?	**khun tham-ngaan arai**
Ich arbeite bei ...	**phŏm tham ngaan thîi ...**
Ich bin Rentner/in.	**phŏm kasian lɛ́ɛo**
Ich gehe noch zur Schule.	**phŏm tɔ̂ng pai roong-riian ìik**
Ich bin Student/in.	**phŏm pen nák-sùksăa**

Akha-Kinder

Herkunft und Aufenthalt

Woher kommen Sie / kommst du?	**khun maa dschàak năi**
Ich bin aus Hamburg.	**phŏm maa dschàak hämböörg**
Ich bin ...	**phŏm pen khon ...**
Deutscher.	**jööraman**
Österreicher.	**ɔ́ɔsatriia**
Schweizer.	**sawítsöölään**

Deutschland	ประเทศเยอรมันนี	**prathêet jööraman**
Österreich	ประเทศออสเตรีย	**prathêet ɔ́ɔsatriia**
Schweiz	ประเทศสวิตเซอร์แลนด์	**prathêet sawítsöölään**
Thailand	ประเทศไทย	**prathêet thai**

Sind Sie / Bist du schon lange hier?	**khun jùu thîi-níi weelaa naan lɛ́ɛo rŭ jang**
Ich bin seit ... hier.	**phŏm jùu thîi-níi tâng-tɛ̀ɛ ...**

Wie lange bleiben Sie / bleibst du?	**khun dschà jùu thîi-níi weelaa naan thâorai**
Sind Sie / Bist du zum ersten Mal hier?	**khun jùu thîi-níi khráng râak măi**
Wie finden Sie es?	**khun schɔ̂ɔb măi**

Familie

Sind Sie verheiratet?	**khun tàng-ngaan láäo măi**
Haben Sie Kinder?	**khun mii lûuk măi**
Ja, aber sie sind schon groß.	**mii tâä kàä láäo**
Wie alt ist Ihre Tochter / Ihr Sohn?	**lûuk- săao / lûuk-schaai aajú thâorai**
Er/Sie ist 12.	**khăo aajú sìb-sɔ̌ɔng pii**

Hobbys ➢ auch Aktiv- und Kreativurlaub, S. 107

Was für Hobbys haben Sie / hast du?	**khun mii ngaan-àdirèek arai**
Ich verbringe viel Zeit mit meinen Kindern.	**phŏm schɔ̂ɔb jùu kàb dèk phŏm mâak**
Ich bastele gern.	**phŏm bàd-krii**
Ich male ein wenig.	**phŏm schɔ̂ɔb thaa-sĭi**
Ich sammle Antiquitäten / Briefmarken / Postkarten.	**phŏm rûab-ruam khɔ̌ng-bo-raan / satääm / pós-káad**
Ich interessiere mich für ...	**phŏm sŏn-dschai kàb ...**
Ich bin bei ... aktiv.	**phŏm tham ... thîi ...**

im Garten arbeiten	**tham-ngaan nai sŭan**
faulenzen	**phák-phɔ̀ɔn**
kochen	**tham aahăan**
lesen	**àan**
malen/zeichnen	**thaa-sĭi**
Musik hören	**fang dontrii**
musizieren	**tham dontrii**

Fitness ➢ auch Aktivurlaub, S. 107

Wie halten Sie sich fit?	**khun rák-săa sùkha-phâap jang-rai**
Ich jogge/schwimme/fahre Rad.	**phŏm tham dscho-king/wâai-náam/khìi-dschà-ka-jaan**
Ich spiele einmal in der Woche Tennis/Golf.	**phŏm lên thennít/kɔ́ɔp thúuk aathít**
Ich gehe ziemlich regelmäßig ins Fitnesscenter.	**phŏm ɔ̀ɔk pai lên kiilaa nai hɔ̂ɔng-ɔ̀ɔk-kamlang-kaai**
Welchen Sport treiben Sie?	**khun lên kiilaa arai**
Ich spiele ...	**phŏm lên ...**
Ich gehe gern ...	**phŏm schɔ̂ɔb ...**
Kann ich mitspielen?	**lên dûai-kan dâi măi**

Verabredung

Kleine Hausordnung
Es ist üblich, bei Einladungen Früchte oder kleine Geschenke mitzubringen. Schuhe müssen unbedingt vor Betreten des Hauses vor der Türschwelle ausgezogen werden! Die Türschwelle selbst, als Sitz eines der neun Hausgeister, darf man nicht betreten.

Haben Sie / Hast du morgen (etwas freie) Zeit?	**phrûng-níi khun mii weelaa wâang măi**
Wollen wir zusammen dort hingehen?	**rao dschà pai thîi-nôon dûai-kan măi**
Wollen wir heute Abend miteinander ausgehen?	**tɔɔn-jen níi rao dschà pai-thîiao dûai-kan măi**
Darf ich Sie/dich zum Essen einladen?	**schöön/líiang khun pai kin-khâao dâi măi**
Wann treffen wir uns?	**rao dschà phób kan mûarai**
Treffen wir uns um 9 Uhr vor .../im ...	**rao dschà phób kan weelaa kâao naalikaa khâang-nâa .../nai ...**
Ich hole Sie/dich ab.	**phŏm pai ráb khun**
Kann ich Sie/dich wieder sehen?	**phób khun mài dâi măi**
Vielen Dank für den netten Abend.	**khɔ̀ɔb khun mâak sămràb wan thîi dii**

Flirt

Du hast wunderschöne Augen.	**taa khun sǔai mâak**
Mir gefällt, wie du lachst.	**phǒm schɔ̂ɔb bằäb khun jím**
Du gefällst mir. / Ich mag dich.	**phǒm schɔ̂ɔb khun**
Ich bin verrückt nach dir.	**phǒm schɔ̂ɔb khun pen bâa lǻäo**
Ich liebe dich!	**phǒm rák khun**
Hast du einen festen Freund / eine feste Freundin?	**khun mii fään lǻäo rű jang**
Bist Du verheiratet?	**khun tằäng-ngaan lǻäo rű jang**
Ich bin schwul/lesbisch.	**phǒm pen kee/thóm**
Ich möchte gerne die Nacht mit dir verbringen.	**khüün-níi phǒm jàak jùu kàb khun**
Ich möchte mit dir schlafen.	**phǒm jàak nɔɔn kàb khun**
Vielleicht später.	**baang-thii wan-lǎang**
Nein, das geht mir zu schnell.	**mâi ao reo köön-pai**
Ich möchte eigentlich nur kuscheln.	**phǒm jàak kɔ̀ɔd dschùub eeng**
Finger weg!	**ao müü ɔ̀ɔk-pai**
Aber nur mit Kondom!	**tââ tɔ̂ng sài thǔng-jaang-à-naa-mai**
Wo kann ich welche kaufen?	**phǒm dschá sűü dâi thîi-nǎi**
Hat es dir gefallen?	**khun schɔ̂ɔb mǎi**
Es war toll!	**schɔ̂ɔb dschá taai**
Bitte geh jetzt!	**karunaa pai dĭiao-níi**
Zisch ab!	**pai kó pai sí**
Lassen Sie mich bitte in Ruhe!	**phǒm tông-kaan khwaam-sangòb**

Verständigungsschwierigkeiten

Wie bitte?	**arai ná**
Ich verstehe Sie nicht. Bitte, wiederholen Sie es.	**phŏm mâi khâo-dschai. karunaa phûud mài ìik khráng sí**
Bitte sprechen Sie etwas langsamer.	**khɔ̆ɔ phûud scháa nɔ́ɔi sí**
Ich verstehe.	**phŏm khâo-dschai**
Sprechen Sie/ Sprichst du ...	**khun phûud ...**
Deutsch?	**phaasăa jööraman**
Englisch?	**phaasăa angrìd**
Französisch?	**phaasăa faràng-sèet**
Ich spreche nur ein paar Wörter.	**phŏm phûud dâi khää sɔ̆ɔng săam kham thâonán**
Schreiben Sie es mir bitte auf!	**khun karunaa khĭian hâi nɔ́ɔi dâi măi**

Unterwegs

Achtung Linksverkehr!
In Thailand herrscht Linksverkehr. Im Straßenverkehr ist größte Vorsicht geboten, weil es sehr chaotisch zugeht und meist das Recht des Stärkeren gilt.
Die Stadtautobahnen und -schnellstraßen in Bangkok sind teilweise gebührenpflichtig.

Fragen nach dem Weg

Ortsangaben

Bei der Tourist Authority of Thailand (TAT), 202 Concorde Building, Ratchadapisek Road (Tel.: 694-1222) und in der 4 Ratchadamnoen Nok Road (Tel.: 282-1143) in Bangkok gibt es viele aktuelle Publikationen und Informationen über Reiseziele und andere touristische Informationen.

links	(khâang-)sáai
rechts	(khâang-)khwăa
geradeaus	trong-pai
vor	khâang-nâa
hinter	khâang-lăng
neben	jùu-khâang
gegenüber	trong-kan-khâang
hier	thîi-níi
dort	thîi-nân
nah	klâi
weit	klai
nach *(Richtung)*	thaang pai ...
Ampel	sănjaan-fai-dääng
Straße	thanôn
Kreuzung	sìi-jâäk
Kurve	sên-khóng

Der vollständige Name Bangkoks lautet:
Große Stadt der Engel, erleuchteter Ruheort für erlesene Juwelen. Großes, nie zu eroberndes Land, erhabenes berühmtes Königreich. Königliche und anmutige Hauptstadt, angefüllt mit den neun prächtigsten Edelsteinen, höchster, majestätischer Wohnsitz und großer Palast. Du auserwählte Zuflucht für die wieder geborenen Geister.

กรุงเทพมหานครอมรรัตนโกสินร์
มหินทรายุธยามหาดิลกภพนพรัตน์
ราชธานีบุรีรมย์อุดมราชนิวศน์มหา
สถานอมรพิมานอวตารสถิตย์
สกกะตติยะวิษณุกรรมประสิทธ์

krungthep mahaa nakhon amon ratanakosin mahintharaa ajuthajaa mahaadilokphop nopharat rajthaanii buriirom udomraatniwech mahaa sathaan amon phimaan awataan sathit sakkatatija wisanu kam prasit

Wegbeschreibung

Es ist nicht unbedingt ratsam, einen Thai nach dem richtigen Weg zu fragen. Um sein Gesicht zu wahren, wird er immer so tun als ob, auch wenn er den Weg nicht kennt. Man sollte deshalb zielsicher fragen: „Wo geht es zum/nach ..." Mit etwas Glück kann man die selbstlose Hilfsbereitschaft des Thai erleben. Selbst wenn er nicht Bescheid weiß, wird er sich bemühen, weiterzuhelfen und selbst den Weg erfragen.

Sicherheitshinweis: Nicht jedem Thai vertrauen, der – vor allem in der Nähe touristischer Attraktionen – selbstlos Hilfe anbietet! Gesundes Misstrauen ist hier angebracht!

Entschuldigung, wie komme ich bitte nach ...?	**khɔ̌ɔ-thôot phǒm pai ... jang-rai**
Zunächst geradeaus bis ...	**trong-pai kɔ̀ɔn thǚng ...**
Dann bei der Ampel links/rechts abbiegen.	**lä́äo thîi fai-dääng líiao sáai/khwăa**
Folgen Sie den Schildern.	**döön pai taam pâai bɔ̀ɔk thaang**

Orts- und Straßenschilder sind üblicherweise in Thai und Englisch beschriftet. Es ist allerdings nicht ungewöhnlich, wenn die Schreibweise eines Straßennamens von Schild zu Schild abweicht.
Sollten Ausflüge zu weniger bekannten Örtlichkeiten geplant sein, empfiehlt es sich, sich das Ziel von einem Thai in thailändischer Sprache aufschreiben zu lassen.

Ist das weit von hier?	**klai dschàak níi mǎi**
Ungefähr zwei Kilometer.	**pramaan sɔ̌ɔng kìlomêet**
Es ist ganz in der Nähe.	**jùu nôon nâä**
Bitte, ist das die Straße nach ...?	**khɔ̌ɔ-thôot thanôn níi thanôn thîi pai ... mǎi**
Bitte, wo ist ...?	**khɔ̌ɔ-thôot ... jùu thîi-nǎi**
Tut mir Leid, das weiß ich nicht.	**khɔ̌ɔ-thôot ná khráb tâä phǒm mâi sâab**
Gehen Sie geradeaus/ nach links/ nach rechts.	**trong-pai/ líiao sáai/ líiao khwăa**
Erste/Zweite Straße links/rechts.	**thanôn râäk/thîi sɔ̌ɔng thaang sáai/khwăa müa**

Überqueren Sie ...	**khun khâam ...**
die Brücke.	**saphaan**
den Platz.	**sanǎam**
die Straße.	**thanôn**
Sie nehmen am besten den Bus Nr. ...	**pai kàb rót-mee sǎai ... dii thîi-sùd**

An der Grenze

Für die Einreise nach Thailand benötigt man einen Reisepass, der bei der Einreise mindestens noch sechs Monate gültig ist. Ohne Visum können Deutsche, Österreicher und Schweizer maximal 30 Tage im Land bleiben. Die Aufenthaltsgenehmigung für diese 30 Tage erhält man bei der Einreise in den Pass gestempelt. Für einen längeren Aufenthalt wird ein Visum, das die diplomatischen Vertretungen Thailands im Ausland ausstellen, verlangt. Visa erhält man von der Botschaft des Königreichs Thailand oder von einem der Königlich Thailändischen Honorarkonsulate in Berlin, Düsseldorf, Frankfurt/ Main, Hamburg oder München (Gebühr erfragen!). Da sich die Visabestimmungen laufend ändern, sollte man sich vor der Reise dort auch die nötigen Informationen über aktuelle Einreisebestimmungen besorgen.

Passkontrolle

Ihren Pass, bitte!	**khɔ̌ɔ duu nǎng-sɯ̌ɯ-döön-thaang nɔ̀ɔi**
Haben Sie ein Visum?	**khun mii wiisâa mǎi**
Kann ich das Visum hier bekommen?	**phǒm dschà khɔ̌ɔ wiisâa thîi-nîi dâi mǎi**

Zollkontrolle

Haben Sie etwas zu verzollen?	**khun mii arai thîi dschà tɔ̂ng dschâäng phaasǐi**
Öffnen Sie bitte diesen Koffer.	**pòöd krapǎo-döön-thaang nîi nɔ̀ɔi**
Muss ich das verzollen?	**khɔ̌ɔng nîi dschà tɔ̂ng sǐia phaasǐi mǎi**

Personalien

Familienname	naam-sakun
Familienstand	tamnằang nai khrɔ̂ɔb-khrua
ledig	pen-sòot
verheiratet	tầng-ngaan
verwitwet	pen-mâai
Geburtsdatum	wan-kồöd
Geburtsname	naam-sakun-kồöd
Geburtsort	sathăan-thîi-kồöd
Staatsangehörigkeit	săn-schâat
Vorname	schûü-tua
Wohnort	thîi-jùu

Grenze

Ausreise	kaan-ɔ̀ɔk-nɔ̂ɔk-prathêet
Einreise	kaan-döön-thaang-khâo-prathêet
Führerschein	bai-ànú-jâat khàb-rót
Grenzübergang	thaang-khâam-dään
gültig	schái-dâi
internationaler Impfpass	bai-ráb-rɔɔng-phâät-săakon
Nationalitätskennzeichen	schûü-jɔ̂ɔ-prathêet
Nummernschild	pâai-lêek
Passkontrolle	kaan-trùat-năng-sŭü-döön-thaang
Personalausweis	bàt-pradscham-tua
Reisepass	năng-sŭü-döön-thaang
Visum	wiisâa
Zoll	phaasĭi-sùnlákaakon
zollfrei	mâi-tɔ̂ng-sĭia-phaasĭi
Zollgebühren	phaasĭi
zollpflichtig	tɔ̂ng-sĭia-phaasĭi

Auto und Motorrad

Reisewege, Vorschriften ...

Autobahn	thaang-luang
Autobahngebühren	rakhaa thaang-luang
Bußgeld	ngön-khâa-pràb
Hauptstraße	thanôn thîi sămkhan
Landstraße	thaang-thamadaa
Promillegrenze	khìid-dscham-kàd-kaan-trùat-äänkɔɔhɔɔn-nai-lûad
Radarkontrolle	dàan-dschàb-khwaam-reo
Raststätte	phûün-thîi-borikaan

Schnellstraße	thaang-dùan
Stau	rót-tíd
Straßenbenutzungsgebühr	khâa-phàan-thanôn
Wegweiser	pâai-schûu-thanôn

Hinweise und Informationen

hâam jùd	Halten verboten
rawang	Achtung/Vorsicht
thanôn sǐia	Schlechte Fahrbahn
antaraai	Gefahr
antaraai lûün	Schleudergefahr
thîi-lâad mâak	Starkes Gefälle
thaang-ɔ̂ɔm	Umleitung
rawang dèk-riian	auf Schulkinder achten
hâam khâo	Einfahrt verboten
roong-phajaabaan	Krankenhaus
rót-jon-banthúk	Lastwagen
sìt-thí-pai-kɔ̀ɔn	Vorfahrt
lót khwaam-reo	Langsamer fahren
khàb-rót khâang-khwǎa (khâang-sáai)	Rechts (Links) fahren
hâam-dschɔ̀ɔt-rót	Parken verboten
sên-khóng	Gefährliche Kurve

An der Tankstelle ➢ auch Werkstatt, S. 48

An thailändischen Tankstellen ist es noch üblich, dass man bedient wird.

Wo ist bitte die nächste Tankstelle?	**pám-náam-man khâang-nâa jùu thîi-nǎi**
Ich möchte ... Liter ...	**khɔ̌ɔ hâi phǒm ... lít ...**
Normalbenzin.	**náam-man bensin thamadaa**
Super.	**náam-man súpöö**
Diesel.	**náam-man diisen**
Gemisch.	**náam-man phasǒm**
bleifrei.	**náam-man bensin mâi phasǒm tàkùa**
Super bitte, für 200 Baht.	**schûai tööm náam-man súpöö hâi phǒm sɔ̌ɔng rɔ́ɔi bàat**

Voll tanken, bitte.	**karunaa tööm náam-man hâi tem**
Prüfen Sie bitte den Ölstand.	**karunaa trùat rádàb náam-man khrûang dûai**
Ich möchte eine Straßenkarte dieser Gegend, bitte.	**phŏm tông-kaan phǎän-thîi thanôn khŏng müang níi karunaa dûai**

Parken

Gibt es hier in der Nähe eine Parkmöglichkeit?	**mii thîi-dschòɔt-rót thǎo-níi mǎi**
Kann ich den Wagen hier abstellen?	**dschòɔt rót-jon thîi-níi dâi mǎi**
Wie hoch ist die Parkgebühr pro Stunde?	**rakhaa-dschòɔt-rót schûa-moong lá thâorai**
Ist das Parkhaus die ganze Nacht geöffnet?	**thîi-níi dschòɔt-rót dâi tháng khüün mǎi**

Eine Panne

Ich habe eine Panne.	**rót khɔ̌ng phŏm sǐia**
Gibt es hier in der Nähe eine Werkstatt?	**mii ùu-sɔ̂ɔm-rót klâi-klâi mǎi**
Könnten Sie mir mit Benzin aushelfen?	**khun schûai hâi náam-man bensin phŏm nɔ́ɔi dâi mǎi**
Könnten Sie mir beim Reifenwechsel helfen?	**khun schûai phŏm plìian jaang-rót nɔ́ɔi dâi mǎi**
Würden Sie mich bis zur nächsten Tankstelle mitnehmen?	**khɔ̌ɔ aasǎi pai pám-náam-man khâang-nâa dûai dâi mǎi**
Würden Sie mich bis zur nächsten Werkstatt abschleppen?	**khun dschà karunaa schûai lâak rót pai thîi ùu-sɔ̂ɔm-rót dâi mǎi**

Abschleppdienst	**borikaan-lâak-rót**
abschleppen	**lâak pai**
Abschleppseil	**schûüak-lâak**
Abschleppwagen	**rót-lâak-rót**
Benzinkanister	**kääloɔn**
Ersatzrad	**jaang-sǎm-rɔɔng**
Panne	**khrûang sǐia**
Pannendienst	**ùu-rót-boriikaan-khlûüan-thîi**

Platten	bään
Starthilfekabel	săai-fai-bằt-töörîi
Wagenheber	mâä-rääng
Warnblinker	fai-sănjaan
Warndreieck	pâai-tüüan-ùbàtihèet
Werkzeug	khrûang-müü

In der Werkstatt

Mein Wagen springt nicht an.	**khrûang-jon satáat mâi tìd**
Mit dem Motor stimmt was nicht.	**mii pan-hăa kàb khrûang**
... ist/sind defekt.	**... sǐia**
Der Wagen verliert Öl.	**thang-náam-man-rót rûa**
Können Sie mal nachsehen?	**khun dschà karunaa trùat duu dâi măi**
Machen Sie bitte nur die nötigsten Reparaturen.	**khun schûai sɔ̆ɔm scha-phɔ́ thîi man sǐia ko phɔɔ**
Wann ist das Fahrzeug fertig?	**rót-jon dschà sèt mûarai**
Was wird es kosten?	**rakhaa dschà thâorai**

Abblendlicht	kaan-lód-radàb-fai
Alarmanlage	sănjaan-kan-khamoi
Anlasser	khrûang-satáat-khrûang
Auspuff	schâi-mòt
Automatik(getriebe)	àtanomát
Benzinpumpe	khrûang-pám-náam-man
Blinker	fai-sănjaan-lîiao
Bremse	khrûang-hâam-lɔ́ɔ
Bremsflüssigkeit	náam-khrûang-hâam-lɔ́ɔ
Bremslicht	fai-sănjaan-hâam-lɔ́ɔ
Defekt	kaan-sǐia
Fernlicht	fai-sŭung
Gang	kiia-rót
erster Gang	kiia-thîi-nùng
Leerlauf	kaan-döön-khrûang-plàao
Rückwärtsgang	kiia-thɔi-lăng
Gaspedal	jìiab-khan-rêng
Getriebe	khrûang-dschàk
Handbremse	khrûang-hâam-lɔ́ɔ-müü
Hupe	trää-rót
Kofferraum	krapɔ̆ɔng-rót

Kühler	mɔ̂ɔ-náam-rót
Kühlwasser	náam nai mɔ̂ɔ-náam-rót
Kupplung	khlad
Kurzschluss	fai-fáa-wong-dschon-lád/ fai-fáa-schɔ̂ɔt
Lichtmaschine	khrûang-kam-nòöd-fai-fáa
Luftfilter	khrûang-krɔɔng-aakàat
Motor	khrûang-jon
Motorhaube	fǎa-khrɔ̂ɔb-khrûang-jon
Öl	náam-man-khrûang
Ölwechsel	kaan-plìian-náam-man-khrûang
Rad	lɔ́ɔ-mǔn
Reifen	jaang-rót
Rücklicht	fai-khâang-lǎng
Rückspiegel	kradschòk-mɔɔng-khâang-lǎng
Scheibenwischer	thîi-pad-náam-fǒn
Scheinwerfer	fai-schaai
Schraube	tapuu-khuang
Sicherheitsgurt	khěm-khàd
Standlicht	fai-lék-thîi-rót
Stoßstange	khrûang-kan-schon-khɔ̌ng-rót-jon
Tachometer	khrûang-wad-khwaam-reo
Tank	thǎng náam-man
Werkstatt	ùu-sɔ̂ɔm-rót
Windschutzscheibe	kradschòk-nâa-rót-jon
Zündkerze	hǔa-thiian
Zündung	kaan-tìd-fai

Verkehrsunfall

Bei Unfällen sollte man sich an die Touristenpolizei, Notruf 1699, wenden.

Es ist ein Unfall passiert.	**kòöd ùbàtihèet khûn**
Rufen Sie bitte schnell ...	**schûai rîiak ... hâi nɔ̀ɔi reo**
einen Krankenwagen.	**rót-phajaabaan**
die Polizei.	**tamruàt**
die Feuerwehr.	**kɔɔng-dàb-phlööng**
Haben Sie Verbandszeug?	**khun mii phâa-phan-phlǎä mǎi**
Sie haben ...	**khun dâi ...**
die Vorfahrt nicht beachtet.	**sǎng-kèt duu thaang jâäk hâi ramád-rawang**
nicht geblinkt.	**mâi hâi fai-sǎnjaan-líiao**

Sie sind ...	**khun ...**
zu schnell gefahren.	**khàb rót reo köön pai**
bei Rot über die Kreuzung.	**khâam thanôn thîi sănjaan-fai-dääng**
Geben Sie mir bitte Ihren Namen und Ihre Anschrift.	**khɔ̆ɔ hâi schûü lɑ́ thîi-jùu khɔ̆ng khun**
Vielen Dank für Ihre Hilfe.	**khɔ̀ɔb khun sămràb khwaam-schûai lʉ̆üa khɔ̆ng khun**

Auto-, Motorrad- und Fahrradvermietung

Für Mietwagen oder Motorräder wird bisweilen die Vorlage eines internationalen Führerscheins verlangt.
Die Helmpflicht für Motorradfahrer besteht neuerdings auch in Thailand! Missachtung kostet 100 Baht Bußgeld (1999) in Bangkok und ab 200 Baht aufwärts in den Touristenorten.

Ich möchte für zwei Tage / eine Woche ... mieten.	**phŏm khɔ̆ɔ schâo ... pen weelaa sɔ̆ɔng wan / nʉ̀ng aathít**
einen (Gelände-)Wagen	**rót-dschíip/rót-jon**
ein Motorrad	**rót-motöösai**
ein Moped / ein Mofa	**rót-motöösai lɔ́ɔ lék**
ein Fahrrad	**rót-dschàkajaan**
Wie hoch ist der Mietpreis pro Tag/Woche/Kilometer?	**rakhaa schâo rót wan/aathít/kìlomêet lá thâorai**
Wie viel muss ich als Kaution hinterlegen?	**phŏm tɔ̂ng waang ngön khâa-mád-dscham thâorai**
Ist das Fahrzeug vollkaskoversichert?	**rót khan níi mii kaan-prakan kaan-schód schái rakhaa sïia hăai tháng**

Führerschein	bai-ànú-jâat khàb-rót
Kindersitz	thîi-nâng dèk
Klimaanlage	khrʉ̂ang-prâb-aakàat
Papiere	bai-khàb-khìi
Sturzhelm	mùak-kan-nɔ́t
Zündschlüssel	kundschää sămràb kaan-tìd-fai

Thai
Thai Airways International

Flugzeug

Einen Flug buchen

Wann fliegt die nächste Maschine nach ...?	**khrûang tɔ̀ɔ-pai ... bin weelaa thâor-ai**
Sind noch Plätze frei?	**mii thîi-nâng wâang măi**

Bangkoks Flughafen Don Müang liegt etwa 22 km nördlich von Bangkok. Die Fahrzeit in die City beträgt je nach Verkehr zwischen einer halben und mehreren Stunden. Neben den Limousinen (500 bis 1000 Baht!) können jetzt Flughafen-Taxis zentral für einen Pauschalpreis von 280 Baht gebucht werden. Wegen zahlreicher Vorkommnisse werden neuerdings von der Taxivermittlung bei der Buchung vorgedruckte „Beschwerdekarten" mit ausgegeben, auf denen der unzufriedene Fahrgast Fahrer, Autonummer und die Beschwerde gleich schriftlich mitteilen kann. Vorsicht vor Privat-Taxis!
Noch günstiger gelangt man mit den zahlreichen Bussen oder der nahe gelegenen Bahn in die Innenstadt.

Ich möchte einen einfachen Flug nach ... buchen.	**phŏm jàak dschɔɔng tŭa-bin-thîiao diiao pai ...**
Ich möchte einen Hin- und Rückflug nach ...	**phŏm jàak dschɔɔng tŭa-bin-thîiao diiao ... pai-klàb**
Was kostet der Flug Touristenklasse/1. Klasse?	**tŭa-khrûang-bin schán thamadaa/ schán nùng rakhaa thâorai**
Ich möchte bitte ...	**phŏm khɔ̌ɔ ...**
einen Fensterplatz.	**thîi-nâng trong nâa tàang**
einen Platz am Gang.	**thîi-nâng trong thaang-döön**
Ich möchte diesen Flug umbuchen.	**phŏm khɔ̌ɔ plìian kaan-dschɔɔng sămràb thîiao-bin níi**

Am Flughafen

Wo ist der Schalter der Thai-International?	**kháuntôö khɔ̌ng sǎai-kaan bin thai jùu thîi-nǎi**
Kann ich das als Handgepäck mitnehmen?	**phǒm dschà ao khɔ̌ɔng níi khûn khrûang pai dûai dâi mǎi**

Vor allem für Kurzurlauber lohnen sich die Inlandflüge der Thai Airways oder Bangkok Airways zur Überwindung größerer Entfernungen (z.B. Bangkok–Chiang Mai). Eine rechtzeitige Reservierung, ggf. bereits bei der Urlaubsplanung, ist allerdings dringend zu empfehlen. Alle Flüge sind Nichtraucher-Flüge.
Die Abflughalle des Don-Müang-Flughafens für Inlandflüge liegt etwas vom International Airport entfernt, kann aber problemlos über einen kostenlosen Shuttle-Service vom International Airport aus erreicht werden. Achtung: bei der Ausreise die Flughafengebühr für Auslandsflüge nicht vergessen! Auch bei Inlandflügen ist eine Airport-Tax üblich.

ผู้โดยสารขาออก **phûu-doi-sǎan-khǎa-ɔ̀ɔk**	Abflug
ผู้โดยสารผ่าน **phûu-doi-sǎan-phàan**	Transit
ผู้โดยสารเปลี่ยนเครื่อง **phûu-doi-sǎan-plìian-khrûang**	Transfer
ผู้โดยสารขาเข้า **phûu-doi-sǎan-khǎa-khâo**	Ankunft
ร้านค้าปลอดอากร **ráan-kháa-plɔ̀ɔd-aakon**	Duty-Free-Shop
บริการผู้โดยสาร **borikaan-phûu-doi-sǎan**	Fluggastservice
สุดทางเลื่อน **sùd-thaang-lûüan**	Ende des Rollbandes
รับกระเป๋า **ráb- krapǎo**	Gepäckausgabeband
ตรวจหนังสือเดินทาง **trùat-nǎng-sǚü-döön-thaang**	Passkontrolle
ตรวจคนเข้าเมือง **trùat-khon-khâo-müüang**	Einwanderungsbehörde

An Bord

Könnten Sie mir bitte ein Glas Wasser bringen?	**khɔ̌ɔ náam-jen kâäo nùng maa hâi phǒm dâi mǎi**
Könnte ich bitte noch ein Kissen / eine Decke haben?	**khɔ̌ɔ mɔ̌ɔn / phâa-hòm ìik dâi mǎi**
Würde es Ihnen etwas ausmachen, mit mir den Platz zu tauschen?	**karunaa khun plìian thîi-nâng kàb phǒm dâi mǎi**

Ankunft

Mein Gepäck ist verloren gegangen.	**krapǎo-döön-thaang phǒm hǎai**
Mein Koffer ist beschädigt worden.	**krapǎo-döön-thaang phǒm scham-rúd**
Von wo fährt der Bus in Richtung ... ab?	**rót-mee thîi pai thaang ... dschà ɔ̀ɔk dschàak thîi- nǎi**

➢ **auch Eisenbahn, S. 56**

Abflug	kaan-bin-ɔ̀ɔk-pai
Ankunft	kaan-maa-thǔng
Ankunftszeit	weelaa-maa-thǔng
Anschlussflug	kaan-bin-tɔ̀ɔ-pai
Auslandsflug	kaan-bin-naanaa-schâat
Bordkarte	pâai-khûn-khrûang-bin
einchecken	thîiao-bin
Flug	kaan-bin
Fluggesellschaft	sǎai-bin
Flughafen	sanǎam-bin
Flughafenbus	rót-mee sanǎam-bin
Flughafengebühr	khâa-sanǎam-bin
Flugsteig	thaang-ɔ̀ɔk
Gepäck	krapǎo-döön-thaang
Gepäckabfertigung	thîi-ráb-krapǎo
Gepäckausgabe	thîi-bǒök-krapǎo
Gepäckwagen	rót-khěn
Inlandsflug	kaan-bin-phaai-nai prathêet
Landung	kaan-long

Notausgang	**thaang-ɔ̀ɔk-schùk-schɔ̌ɔn**
Notlandung	**kaan-long-doi-schùk-schɔ̌ɔn**
Notrutsche	**bandai-long-schùk-schɔ̌ɔn**
Passagier	**phûu-doi-sǎan**
Pilot/in	**nák-bin**
planmäßiger Abflug	**kaan-bin-ɔ̀ɔk-pai trong-weelaa**
Schwimmweste	**sûüa-schuu-schîip**
Sicherheitsgebühr	**khâa-dàan-trùat**
Sicherheitskontrolle	**dàan-trùat**
Steward/ess	**phánák-ngaan-borikaan-khrûang-bin**
stornieren	**jók-lôök**
umbuchen	**plìian kaan-dschɔɔng**
Verspätung	**tham-hâi-scháa**
zollfreier Laden	**ráan-kháa-plɔ̀ɔd-aakon**
Zwischenlandung	**triiam-rɔ̂ɔn-long**

Eisenbahn

Das vorbildliche Eisenbahnsystem Thailands verbindet Bangkok sternförmig mit jedem größeren Ort des Landes. Die Züge unterscheiden sich nach Geschwindigkeit und Komfort.
Diesel Railcars (DRC.): langsame Züge (nur 3. Klasse)
Ordinary Trains (Ord.): lokale Nahverkehrszüge (2. und 3. Klasse)
Rapid Trains (RAP.): relativ langsame „Eilzüge" mit 2. und 3. Klasse-Abteilen, teilweise mit Schlafwagen und klimatisiert
Express Trains (EXP.): relativ schnelle Züge mit 1., 2. und 3. Klasse, Schlafwagen, teilweise klimatisiert
Express Diesel Railcars (EXP.DRC.): teurer und schneller als alle anderen Züge, haben klimatisierte Großraumwaggons.
Es gibt grundsätzlich drei Klassen, wobei sich die 2. Klasse nochmals in eine staubige, mit Ventilatoren belüftete, und eine frostige Air-Con-Version aufteilt.
Bei längeren Reisen empfiehlt sich eine rechtzeitige Reservierung (mindestens einen Tag vor der Reise) eines Schlafwagenplatzes in der vollklimatisierten 1. oder 2. Klasse. Dort werden die Sitze für die Nacht in kleine, aber gemütliche Schlafkojen verwandelt.

Fahrkarten kaufen

Eine einfache Fahrt 2. Klasse/ 1. Klasse nach ..., bitte.	**tǔa-schán-sɔ̌ɔng/nùng pai ... thîiao diiao**

Zweimal ... hin und zurück, bitte.	**tŭa-pai-klàb sɔ̌ɔng bai pai ...**
Gibt es eine Ermäßigung für Kinder/Studenten/Senioren?	**mii kaan-lód-jɔ̀ɔn sămràb dèk-dèk/nák-sùksăa/phûu-ráb-bîabam-naan**
Bitte eine Platzkarte für den Zug nach ...	**khɔ̌ɔ dschɔɔng tŭa-rót-fai pai ...**
Ich möchte einen Liegewagen-/Schlafwagenplatz reservieren.	**phŏm khɔ̌ɔ dschɔɔng thîi tûu-nɔɔn**
Ich möchte oben/unten schlafen.	**phŏm khɔ̌ɔ thîi-jûu-nɔɔn khâang-bon/khâang-lâang**
Habe ich in ... Anschluss nach ...?	**thîi ... dschà mii rót-fai tɔ̀ɔ pai ... măi**
(Wo) Muss ich umsteigen?	**tɔ̂ng tɔ̀ɔ rót-fai măi (thîi-năi)**

Im Bahnhof

Ich möchte diesen Koffer als Reisegepäck aufgeben.	**phŏm jàak dschà fàak krapăo-döön-thaang níi pai kàb rót-fai**
Von welchem Gleis fährt der Zug nach ... ab?	**rót-fai pai ... dschà ɔ̀ɔk thîi schaan-schalaa năi**
Der Zug ... aus ... hat 10 Minuten Verspätung.	**rót-fai dschàak ... săai weelaa sìb naathii**

Hinweise und Informationen

thaang pai schaan-schalaa	Zu den Bahnsteigen
kaan-thŭng	Ankunft
hɔ̂ng-rót-fai-sùub-bùrìi	Raucherabteil
taaraang-weelaa	Fahrplan
hɔ̂ng-láang-nâa-láang-müü	Waschraum
wâang	Frei
phûu-schaai	Herren
phûu-jĭng	Damen
hɔ̂ng-rót-fai mâi sùub-bùrìi	Nichtraucherabteil
tem	Besetzt
thaang-döön-tâi-din	Unterführung
thaang-khâam	Übergang
raang-rót	Gleis
kaan-bɔ̀ɔk	Auskunft

hɔ̂ng-sǎmràb-nâng-khɔɔi	Wartesaal
hâam-lɔ́ɔ-schùk-schŏ̈ön	Notbremse
thaang-ɔ̀ɔk	Ausgang
rót-tûu-nɔɔn	Liegewagen/Schlafwagen
hɔ̂ng-náam	Toilette
rót-aahǎan	Speisewagen

Im Zug

Verzeihung, ist dieser Platz noch frei?	**khɔ̌ɔ-thôot ná khráb thîi-nâng nı́i wâang mǎi**
Darf ich das Fenster öffnen/schließen?	**khɔ̌ɔ pö̀öd/pìd nâa-tàang dâi mǎi**
Entschuldigen Sie, das ist mein Platz.	**khɔ̌ɔ-thôot ná khráb nı́i thîi-nâng khɔ̌ng phǒm**
Ich habe eine Platzkarte.	**phǒm mii tǔa-dschɔɔng-thîi-nâng lǽäo**

Die Brücke am Kwai

➢ **auch Flugzeug, S. 53**

Abfahrt	**kaan-dschàak-pai**
Abfahrtszeit	**weelaa-ɔ̀ɔk-rót**
Abteil	**hɔ̂ng nai rót-fai**
ankommen	**maa thǔng**
Aufenthalt	**kaan-jùt-jùu**

aussteigen	long rót
Bahnhof	sathǎanii-rót-fai
einsteigen	khûn rót
Ermäßigung	kaan-lód-rakhaa
Fahrkarte	tǔa-doi-sǎan
Fahrkartenkontrolle	kaan-trùat-tǔa
Fahrkartenschalter	schɔ̂ɔng-khǎai-tǔa
Fahrplan	taaraang-weelaa
Fahrpreis	rakhaa-doi-sǎan
Fensterplatz	thîi-nâng trong nâa-tàang
Gang *(im Zug)*	thaang-döön
Gepäck	krapǎo-döön-thaang
Gepäckaufbewahrung	sathǎan-ráb-fàak-khɔ̌ɔng
Gleis	raang-rót
Hauptbahnhof	sathǎanii-rót-fai-klaang
Kinderfahrkarte	tǔa-rót-fai sǎmràb dèk
Nichtraucherabteil	hɔ̂ng-rót-fai mâi sùub-bùrìi
Platzkarte	tǔa-dschɔɔng-thîi-nâng
Reservierung	kaan-dschɔɔng
Rückfahrkarte	tǔa-pai-klàb
Schließfach	tûu-kèb-krapǎo
Speisewagen	rót-aahǎan
Wagennummer	lêek-rót
Wartesaal	hɔ̂ng-sǎmràb-nâng-khɔɔi
Zug	rót-fai

Schiff

Auskunft

Wann fährt das nächste Schiff nach ... ab?	**rüüa lam nâa pai ... mûarai**
Wie lange dauert die Überfahrt?	**kaan-khâam-náam schái weelaa naan thâorai**
Wann legen wir in ... an?	**rao dschà thîiab thâa thîi ... mûarai**
Wie lange haben wir Aufenthalt in ...?	**rao dschà wá̋ phák-kan thîi ... weelaa naan thâorai**
Ich möchte eine Schiffskarte nach ...	**phǒm jàak sűü tǔa-rüüa pai ...**
1. Klasse	**schán nùng**
Touristenklasse	**schán thamadaa**
eine Einzelkabine	**hɔ̂ng nai rüüa thîi mii tiiang-diiao**

eine Zweibettkabine	**hɔ̂ng nai rüüa thîi mii sɔ̌ɔng tiiang**
Was kostet eine Klong-Rundfahrt?	**kaan-náam-thîiao-khlɔɔng rakhaa thâorai**

An Bord

Wo ist der Speisesaal?	**hɔ̂ng-aahăan jùu thîi-năi**
Ich fühle mich nicht wohl.	**phŏm mâi sabaai**
Rufen Sie bitte den Schiffsarzt!	**khɔ̌ɔ rîiak mɔ̌ɔ-rüüa**
Haben Sie mir ein Mittel gegen Seekrankheit?	**khun mii jaa kâä mao-khlûn măi**

anlegen in	thîiab thâa
Buchung	kaan-dschɔɔng-tŭa
Deck	dàad-fáa-rüüa
Fähre	rüüa-sòng-khâam-fâak
Autofähre	rüüa-sòng-khâam-fâak-rót
Fahrkarte	tŭa-rüüa
Festland	phàän-din-jài
Hafen	thâa-rüüa
Kabine	hɔ̂ng nai rüüa
Kai	thâ-dschɔ̀ɔt-rüüa
Kapitän	kàptan-rüüa
Kreuzfahrt	lâän-rüüa
Küste	fàng-thalee
Landausflug	kaan-döön-thîiab-thâa
Luftkissenboot	rüüa-schuu-schîip
Rettungsboot	rüüa-schûai-schiiwít
Rettungsring	săai-schuu-schîip
Rundfahrt	kaan-döön-thaang-rɔ̂ɔb-müang
Schwimmweste	sûüa-schuu-schîip
Seegang	khlûün
seekrank	mao-khlûün
Tragflügelboot	pùk-rüüa

Nahverkehrsmittel

Fahrpläne für die überaus preisgünstigen Stadtbusse sucht man in Bangkok vergeblich. Hilfreich sind aktuelle Stadtpläne mit entsprechender Kennzeichnung der Streckenführung, die man überall kaufen kann. Aufpassen, die etwas teureren, komfortableren AC-Busse (air-conditioned, wirklich eiskalt!), erkennbar an den dunklen Scheiben, können die gleiche Nummer tragen wie die einfachen, aber eine andere Route fahren!

Bus und Boot

Ausgehend von den drei „Bus-Terminals" in Bangkok sind nahezu alle Ziele in Thailand auch per Bus günstig zu erreichen.
Zu beachten ist, dass für die Ziele nach Osten (Pattaya, Rayong etc.) das Terminal im Osten Bangkoks, für die nach Norden (Chiang Mai etc.) das im Norden und für Fahrten in den Süden das Südterminal zuständig ist. Alle Terminals liegen an den Ausfallstraßen.
Bei den Bussen gibt es erhebliche Komfortunterschiede:
Wegen der geringen Beinfreiheit der einfachen orangen Überlandbusse (**nɔɔ-män bat** bzw. **rót-thamadaa**) empfiehlt es sich für Europäer, die etwa 50% teureren blauen Air-Con-Busse **(rót-ää)** zu wählen (unbedingt warme Kleidung mitnehmen! – Sitzplatzreservierung notwendig, Verpflegung ist im Preis enthalten).
Echten Luxus bieten die V.I.P.-Busse (**rót-wii-ai-phii**), mit mehr Komfort durch weniger Sitze und besseren Service.

Bitte, wo ist die nächste Bushaltestelle?	**thîi-jùd-rót-mee khâang-nâa jùu thîi-năi**
Welche Linie fährt nach ...?	**rót săai năi pai ...**
Wann fährt die erste/letzte Bus nach ...?	**rót-mee khan râäk/sùd-tháai thîi pai ... ɔ̀ɔk mûarai**
Ist dies der Bus nach ...?	**rót-doi-săan khan níi pai thîi ... măi**
Wo muss ich aussteigen/umsteigen?	**phŏm tɔ̂ng long/plìian rót thîi-năi**
Geben Sie mir bitte Bescheid, wenn ich aussteigen muss.	**khɔ̌ɔ bɔ̀ɔk phŏm dûai ná khráb wâa phŏm dschà tɔ̂ng long mûarai**
Ich möchte einen Fahrschein nach ... kaufen.	**phŏm jàak sʉ́ʉ tŭa-rót-mee pai ...**

Abfahrt	kaan-dschàak-pai
Bus	rót-mee
klimatisierter Fernbus	rót-thua
klimatisierter Stadtbus	rót-mee-ää
Stadtbus	rót-mee
Überlandbus	rót-mee-schon-bòt
Busbahnhof	sathǎanii-rót-mee
einsteigen	khûn rót
Endstation	sathǎanii-sùd-tháai
Expressboot	rüüa-dùan
Fahrplan	taaraang-weelaa-rót
Fahrpreis	khâa-doi-sǎan
Knopf drücken	kòd pùm
Kontrolleur	dschâo-nâa-thîi-trùat-sɔ̀ɔp
Longtail-Boot	rüüa-hǎang-jaao
Richtung	thíd-thaang
Schaffner	phánák-ngaan-rót-doi-sǎan
Seitenstraße	sɔɔi

Songthääo (Sammeltaxi): **rót-sɔ̌ɔng-thǎǎo**s sind Kleinbusse („Pick-Ups") mit zwei parallel zur Fahrtrichtung angeordneten spartanischen Sitzbänken (**sɔ̌ɔng-thǎǎo** = zwei Reihen), die vorwiegend in ländlichen Gegenden zu Festpreisen verkehren und meist auf Handzeichen halten.

Longtail-Boote und Fähren auf dem Menam Chao Phraya und den Klongs bieten in Bangkok für einige (nur noch wenige Strecken) die Alternative zum Verkehrsstau.

Longtail-Boote

Taxi

Fahren Sie zum Bahnhof?	**khun pai sathǎanii-rót-fai mǎi**
Zum ... Hotel.	**pai roong-rääm ...**
In die ...-Straße.	**pai thanôn ...**
Nach ..., bitte.	**karunaa pai ...**
Wie viel kostet es nach ...?	**pai ... rakhaa thâorai**
Halten Sie bitte hier.	**khɔ̌ɔ jùd thîi-níi**
Das ist für Sie.	**níi pen thíp**

halten	**jùd**
Hausnummer	**bâan lêek-thîi**
Kilometerpreis	**rakhaa tɔ̀ɔ kilomêet**
Pauschalpreis	**kaan-tɔ̀ɔ-rakhaa**
Quittung	**bai-ráb-ngön**
Taxi mit Taxi-Meter	**rót-thɛ́ksîi-mítöö**
Taxifahrer/in	**khon-kháb-rót-thɛ́ksîi**
Trinkgeld	**ngön-thíp**
Tuk-Tuk	**rót-túk-túk**

Tuk-Tuk

Neben den alten Taxis (**rót-thắksîi**) gibt es in Bangkok seit 1992 modernere, mit Air Condition ausgestattete Taxameter-Taxen (**thắksîi-mítöö**). Sie sind günstiger als die, bei denen der Preis noch ausgehandelt werden muss. Doch auch hier muss noch immer ausgehandelt bzw. gefragt werden, ob der Fahrer das gewählte Ziel überhaupt anfahren möchte. Es empfiehlt sich, darauf zu achten, dass der Taxameter auch eingeschaltet wird.

Tuk-Tuk sind die für Bangkok typischen motorisierten Dreiräder, die ihren Namen wohl deshalb tragen, weil sie einige Baht billiger sind als die Taxis (**thùuk thùuk** = sehr billig). Manche behaupten, der Name stamme von dem unverkennbaren Zweitaktergeräusch. Auch mit den Tuk-Tuks kann man bisweilen einen staubigen oder feuchten Geschwindigkeitsrausch erleben. Vor dem Einsteigen ist es üblich, den Tuk-Tuk-Fahrer zu fragen, ob er dahin fahren will, wohin man möchte. Danach wird der Preis ausgehandelt.

Motorradtaxis (**motöösai-ráb-dschâang**), die einen sehr schnell (aber gefahrenreich) durch den abgashaltigen Standverkehr Bangkoks bringen, empfehlen sich als billige (nur außerhalb der Hauptverkehrszeiten!) Alternative für eilige Abenteurer.

Samlor (**rót-săam-lɔ́ɔ**) (richtig erkannt!: „Drei-Rad") ist das in thailändischen Ortschaften noch weit verbreitete Dreirad mit „engem" Komfort. Auch hier gilt: Preise vorher aushandeln!

Reisen mit Kindern

Auf Nummer Sicher gehen
Kinder brauchen in Thailand einen eigenen Reisepass! Die Mitnahme des Impfbuches ist unbedingt zu empfehlen. Während besondere Impfungen nicht notwendig sind, sollte man auf jeden Fall Wunddesinfektionsmittel, Mückenschutzmittel und Stichsalbe dabeihaben.
Vor allem bei Reisen mit Kindern sollte man ausreichend Zeit einplanen. Nicht nur der Flug nach Thailand, auch Reisen im Land sind gerade für kleinere Kinder sehr anstrengend. Flug- und Bahnreisen sollten daher den unbequemen Busreisen vorgezogen werden. Kinder bis 4 Jahre und bis 1 m Körpergröße reisen (ohne eigenen Sitzplatz) bei Bahn und Bus umsonst. Kinder von 5-12 und unter 1,50 m reisen zum halben Fahrpreis.
Es gibt zahlreiche Vergnügungsparks in den Städten und ihrer näheren Umgebung. Daneben ist die pflanzenreiche Natur für Kinder ein besonderes Erlebnis.
Kontakt mit Tieren auf dem Land kann wegen der häufig auftretenden Tollwut und anderer Krankheiten nicht empfohlen werden.

Nützliches für hier und dort

Gibt es hier einen Kinderspielplatz?	**thîi-níi mii sanăam-dèk-lên măi**
Gibt es hier Kinderbetreuung?	**thîi-níi mii khon thîi duu-lää dèk măi**
Ab welchem Alter?	**tɔ̂ng aajú thâorai lǻäo**
Kennen Sie jemand, der bei uns babysitten kann?	**khun rúu-dschàk khon thîi schûai-duu-lää-dèk măi**
Gibt es Veranstaltungen für Kinder?	**mii kaan-sadääng sămràb dèk măi**
Bekommen Kinder eine Ermäßigung?	**mii kaan-lód-rakhaa sămràb dèk măi**
Wo ist das nächste Spielwarengeschäft?	**ráan-khăai-khɔ̆ɔng-lên khâang-nâa jùu thîi-năi**
Wo bekomme ich Windeln?	**dâi-ráb phâa-ɔ̂ɔm thîi-năi**

Unterwegs

Wir reisen mit Kind.	**rao döön-thaang kàb dèk**
Können wir einen Platz ganz vorn bekommen?	**dâi mii thîi-nâng khâang-nâa dâi măi**
Haben Sie einen Kindersicherheitsgurt?	**khun mi khĕm-khàd sămràb dèk măi**
Haben Sie vielleicht Stifte und Papier/ ein Malbuch für unser Kind?	**khun mi din-sɔ̆ɔ-sĭi lá kradàat / năng-sŭü-rabaai-sĭi sămràb dèk rao măi**
Verleihen Sie Kinderautositze?	**khun hâi-jüüm kâo-îi-rót sămràb dèk măi**

Im Restaurant

Bringen Sie bitte noch einen Kinderstuhl.	**khɔ̆ɔ ao-maa kâo-îi sămràb dèk dûai**
Gibt es auch Kinderportionen?	**khun mii aahăan nùng dschaan lék sămràb dèk măi**
Könnten Sie mir bitte das Fläschchen warm machen?	**ùn náam-nom hâi nɔ́ɔi dâi măi**
Wo kann ich stillen?	**hâi nom lûuk dâi thîi-năi**

Babysitter	khon-thîi-duu-lää-dèk
Junge	dèk-phûu-schaai
Kinderbecken/Planschbecken	sa-wâai-náam sămràb dèk
Kinderbetreuung	kaan-duu lää dèk
Kinderbett	tiiang-dèk
Kinderermäßigung	kaan-lód-rakhaa sămràb dèk
Kinderkleidung	sûüa-phâa sămràb dèk
Kindernahrung	aahăan sămràb dèk
Kindersitz *(fürs Auto)*	kâo-îi-rót sămràb dèk
Kindersitzkissen *(fürs Auto)*	bɔ̀ sămràb dèk nâng nai rót
Kinderspielplatz	sanăam-dèk-lên
Mädchen	dèk-phûu-jĭng
Malbuch	năng-sŭü-rabaai-sĭi
Planschbecken	àang-lên-náam
Saugflasche	khùad-nom-lĭiang-thaarók
Schildmütze	mùak-kâb
Schnuller	hŭa-nom
Schwimmflügel	plɔ̀ɔk-khään-lom
Schwimmkurs	kaan-sɔ̆ɔn-wâai-náam
Schwimmring	phuang-schuu-schîip
Sonnenschutz	pɔ̂ɔng-kan-dääd

Spielkamerad	phûüan-lên
Spielsachen	khɔ̌ɔng-lên
Trinkflasche	khùad-dǜüm
Vergnügungspark	sǔan-sanùk
Windeln	phâa-ɔ̂ɔm

Gesundheit > auch Gesundheit, S. 141

Gibt es hier einen Kinderarzt?	**thîi-níi mii mɔ̌ɔ-dèk mǎi**
Mein Kind hat ...	**lûuk khɔ̌ng phǒm pen ...**
Es ist allergisch gegen ...	**khao pen phuum-phǻä ...**
Es ist gestochen worden.	**khao thùuk tɔ̀ɔi**

Allergie	rôk-phuum-phǻä
Ausschlag	phǜün-khan
Fieber	khâi
Impfpass	samùd-schìid-jaa
Kinderkrankenhaus	roong-phajaabaan-dèk
Kinderkrankheit	rôk-dèk
Masern	rôk-hàd
Mumps	khaang-thuum
Pilz	schûüa-ràa
Scharlach	khâi-phǜün-dääng
Windpocken	rôk-iisùk-iisǎi

Behinderte unterwegs

Eigeninitiative gefragt
Thailand ist in Sachen „Behinderte unterwegs" ein Entwicklungsland! Eine behindertengerechte Infrastruktur fehlt, vereinzelt findet man in neueren und größeren Hotels in Bangkok und in den anderen touristischen Hauptreisegebieten behindertengerechte Einrichtungen. Dennoch trifft man in Thailand immer wieder auf behinderte Reisende. Sie brauchen eine große Portion Mut, Geduld, Kontaktfreudigkeit und Eigeninitiative. Die große Freundlichkeit und Hilfsbereitschaft der Thai hilft jedoch sehr dabei, dass auch behinderte Reisende fast jeden Ort bereisen und sie ihren Urlaub genießen können.

Ich bin körperbehindert.	**phǒm pen ngɔ̂ɔi**
Ich habe Multiple Sklerose	**phǒm pen rôk-amaphâat**

Unterwegs

Kann ich einen eigenen Rollstuhl im Flugzeug mitnehmen?	**phǒm kèb rót-khěn-khɔ̌ng-khon-khâi khɔ̌ng phǒm nai khrûang-bin pai dûai dâi mǎi**
Wird ein Rollstuhl am Flughafen bereitgestellt?	**dschá mii rót-khěn-khɔ̌ng-khon-khâi thîi sanǎam-bin mǎi**
Ich möchte einen Sitz am Gang.	**khɔ̌ɔ thîi-nâng trong thaang-döön**
Gibt es eine Behindertentoilette?	**mii hɔ̂ɔng-náam sǎmràb khon-ngɔ̂ɔi mǎi**
Könnte mir jemand beim Umsteigen behilflich sein?	**mii khon thîi schûai plìian-rót dâi mǎi**

Unterkunft

Können Sie mir bitte Informationen senden, welche Hotels in ... für Behinderte geeignet sind.	**khun sòng sùdschì-bàt kàb roong-rääm nai ... thîi mɔ̀-sŏm sămràb khon-ngɔ̂ɔi hâi dâi măi**
Welche Hotels haben behindertengerechte Einrichtungen?	**roong-rääm thîi mii khrûang-tääng-bâan sămràb khon-ngɔ̂ɔi jùu thîi-năi**

Museen, Sehenswürdigkeiten, Theater ...

Ist die Ausstellung für Gehbehinderte über Aufzüge erreichbar?	**khon-ngɔ̂ɔi thŭng duu kaan-sadääng kàb líf măi**
Gibt es Museumsführungen/Theateraufführungen für Taubstumme/Blinde?	**mii kaan-nam-schom nai phíphí-tha-phan/bòt-lakhon sămràb khon-phíkaan-hŭu-nùak/khon-taa-bɔ̂ɔd măi**

amputiert	thùuk tàd-ɔ̀ɔk
Auffahrtrampe (für Rollstuhlfahrer)	thaang-tài-rá-wàang-khân sămràb khon-khàb-rót-khĕn-khɔ̆ng-khon-khâi
barrierefrei	mâi mii sìng-kìid-khwăang
befahrbar	khàb-rót dâi
Begleitperson	khon thîi pai dûai
Behindertenausweis	bai pen khon-ngɔ̂ɔi
Behindertentoilette	hɔ̂ɔng-náam sămràb khon-ngɔ̂ɔi
blind	taa-bɔ̂ɔd
Blindenhund	măa sămràb khon-taa-bɔ̂ɔd
Breite	khwaam-kwâang
Epilepsie	rôk-lom-bâa-mŭu
Flurbreite	khwaam-kwâang khɔ̆ng ra-biiang
gehörlos/taub	hŭu-nùak
geistig behindert	pan-jaa-ɔ̀ɔn
Höhe	khwaam-sŭung
Hörbehinderte	khon thîi hŭu-nùak
Kopfhörer	hŭu-fang
Krücke	mái-thâo

pflegebedürftig	dscham-pen phajaabaan
querschnittsgelähmt	pen phíkaan
Rampe	thaang-tài-rá-wàang-khân
Rollstuhl	rót-khěn-khɔ̌ng-khon-khâi
batteriebetriebener Rollstuhl	rót-khěn-khɔ̌ng-khon-khâi thîi mii bàät-töö-rîi
Rollstuhlfahrer	khon-khàb-rót-khěn-khɔ̌ng-khon-khâi
Steigung	thaang-khûn
Stufe	khân
stumm	pen bâi
Taststock	mái-thâo sămràb khon-taa-bɔ̀ɔd
taubstumm	phíkaan-hŭu-nùak
Treppenstufe	khân-ban-dai
Zeichensprache	phaasăa-müü sămràb khon-pen-bâi
zugänglich	àat-khâo-thǜng-dâi

Unterkunft

Bitte mit Blick aufs Meer ...
Das Angebot bei den Übernachtungsmöglichkeiten reicht vom einfachen Gästehaus (**kèt-hao**) mit Gemeinschaftsbad ab 50 Baht bis zu Luxushotels der Superklasse. An den Stränden gibt es Bungalows und Resorts (Ferienanlagen) der verschiedensten Kategorien; bei Trecking-Touren im Norden wird in angemieteten Hütten der Bergstämme (ohne Komfort) übernachtet.
In der Nebensaison kann an der Rezeption bis zu 50% vom Normalpreis heruntergehandelt werden.
(Alle Preise auf dem Stand von 1999.)

Auskunft

Können Sie mir bitte ... empfehlen?	**khɔ̆ɔ khun dschà nánam ... hâi phŏm dâi măi**
ein gutes Hotel	**roong-rääm thîi dii**
ein einfaches Hotel	**roong-rääm thîi rakhaa phɔɔ sŏmkhuan**
ein Gästehaus	**kèt-hao**
einen Bungalow	**bangkaaloo**
Ist es zentral/ruhig/in Strandnähe gelegen?	**roong-rääm sùan-klaang/ngîiab/klâi schaai-hàad măi**
Gibt es hier eine Jugendherberge?	**thîi-níi mii thîi-phák-jùu-wá-schon**

Hotel – Gästehaus – Privatzimmer

An der Rezeption

Ich habe bei Ihnen ein Zimmer reserviert. Mein Name ist ...	**phŏm dâi dschɔɔng hɔ̂ng thîi-níi phŏm schûu ...**
Haben Sie noch Zimmer frei?	**khun mii hɔ̂ng wâang măi**
... für eine Nacht.	**sămràb khüün diiao**

... für zwei Tage.	**sămràb sɔ̆ɔng wan**
... für eine Woche.	**sămràb aathít nùng**
Nein, wir sind leider belegt.	**sĭia-dschai thîi tem lɛ́ɛ̈o**
Ja, was für ein Zimmer wünschen Sie?	**schâi khun jàak mii hɔ̂ng arai**
Ein Einzelzimmer ...	**hɔ̂ng-diiao ...**
Ein Zweibettzimmer ...	**hɔ̂ng-khûu ...**
Ein ruhiges Zimmer ...	**hɔ̂ng ngîiab ...**
mit Dusche/Bad	**thîi mii hɔ̂ng-náam**
mit Balkon/Terrasse	**thîi mii rábiiang**
mit Blick aufs Meer	**thîi hăn ɔ̀ɔk thalee**
hofseitig gelegen	**thîi tìd laan-lăng-bâan**
Kann ich das Zimmer ansehen?	**khɔ̆ɔ duu hɔ̂ng dâi măi**
Dieses Zimmer gefällt mir nicht.	**phŏm mâi schɔ̂ɔb hɔ̂ng níi**
Kann ich mir bitte ein anderes Zimmer anschauen?	**khɔ̆ɔ duu hɔ̂ng ùün**
Dieses Zimmer nehme ich.	**phŏm ao hɔ̂ng níi**
Können Sie noch ein drittes Bett dazustellen?	**khun schûai tâng tiiang phôöm hâi ìik nùng tiiang dâi măi**
Was kostet das Zimmer pro Tag	**schâo hɔ̂ng wan lá thâorai**
... mit Frühstück?	**... thâa rûam aahăan scháao dûai rakhaa thâorai**
Bitte füllen Sie dieses Anmeldeformular aus.	**karunaa krɔ̀ɔk bɛ̀ɛ̈b-fɔɔm kaan-tɔ̂ɔn-ráb níi**
Darf ich Ihren Reisepass sehen?	**khɔ̆ɔ duu phaasapɔ̀ɔt khun nɔ́ɔi**
Bitte lassen Sie das Gepäck auf mein Zimmer bringen.	**khɔ̆ɔ krapăo thíng wai hâi phánák-ngaan-khŏn-khûn pai bon hɔ̂ng**

Wo kann ich den Wagen abstellen?	**dschɔ̀ɔt rót dâi thîi-năi**
In unserer Garage.	**nai roong-rót khɔ̆ng rao**
Auf unserem Parkplatz.	**thîi thîi-dschɔ̀ɔt-rót rao**

Fragen und Bitten ➢ auch Frühstück, S. 87

Ab wann gibt es Frühstück?	**mii aahăan-scháao kìi moong**
Wann sind die Essenszeiten?	**pokatì kin aahăan kìi moong**
Wo ist der Speisesaal?	**hɔ̂ng-aahăan jùu thîi-năi**
Wecken Sie mich bitte morgen früh um ... Uhr.	**khɔ̆ɔ plùk phŏm phrûng-níi weelaa tɔɔn ... moong scháao dûai**
Könnte ich bitte noch ... haben?	**phŏm khɔ̆ɔ ... phôom ìik ... dâi măi**
ein Handtuch	**phâa-schét-tua ... nùng phŭŭn**
ein Stück Seife	**sabùu ... nùng an**
einige Kleiderbügel	**mái-khwǎǎn-sûüa sàk sɔ̆ɔng săam an**
Wie funktioniert ...?	**... tham-ngaan jang-rai**
Bitte meinen Schlüssel.	**khɔ̆ɔ kun-dschää hɔ̂ng phŏm**
Ist Post für mich da?	**mii dschòd-măai phŏm rŭü plàao**
Wo kann ich diesen Brief einwerfen?	**phŏm dschà thíng dschòd-măai dâi thîi-năi**
Wo kann ich ... mieten?	**schâo ... dâi thîi-năi**
Kann ich hier nach Deutschland telefonieren?	**thîi-níi thorasàp pai prathêet jöörаman dâi măi**

Kann ich meine Wertsachen bei Ihnen in den Safe geben?	**phǒm khɔ̌ɔ fàak khɔ̌ɔng mii khâa níi kèb wái nai séef dâi mǎi**
Kann ich mein Gepäck hier lassen, bis ich wiederkomme?	**phǒm khɔ̌ɔ fàak krapǎo wái thîi-níi dschon phǒm klàb maa dâi mǎi**

Beanstandungen

Das Zimmer ist nicht gereinigt worden.	**mâi mii khrai tham khwaam-sa-àat nai hɔ̂ng phǒm**
... funktioniert nicht.	**... mâi tham-ngaan**
Der Wasserhahn tropft.	**kɔ́k-náam mii náam jòd samɔ̌ɔ**
Es kommt kein (warmes) Wasser.	**náam (rɔ́ɔn) mâi lǎi**
Die Toilette ist verstopft.	**sûam tan**
Das Waschbecken ist verstopft.	**àang-láang-nâa-ùd tan**
Ich hätte gern ein anderes Zimmer.	**phǒm khɔ̌ɔ hɔ̂ng thîi-ùùn**

Abreise

Ich reise heute Abend/morgen um ... Uhr ab.	**phǒm jàak ɔ̀ɔk wan-níi tɔɔn-jen/tɔɔn-scháao weelaa ... naalikaa**
Bis wann muss ich das Zimmer räumen?	**weelaa schék-ao kìi moong**
Machen Sie bitte die Rechnung fertig.	**khɔ̌ɔ schék-bin dûai**

Nehmen Sie ...	**khun ao ... mǎi**
Reiseschecks?	**schek-döön-thaang**
Rufen Sie mir bitte ein Taxi.	**khɔ̌ɔ rîiak rót-thɛ́ksîi hâi phǒm**
Vielen Dank für alles!	**khɔ̀ɔb khun mâak ná khráb**
Auf Wiedersehen!	**laa-kɔ̀ɔn**

Abendessen	**aahǎan-jen**
Anmeldung	**kaan-long-thabiian**
Aschenbecher	**thîi-khìa-bùrìi**
Aufenthaltsraum	**hɔ̂ng-phák-jùu**
Aufzug	**bandai-lûan/khrûang-líf**
Badewanne	**àang-àab-náam**
Badezimmer	**hɔ̂ng-náam**
Balkon	**rábiiang**
Bett	**tiiang**
Bettdecke	**phâa-puu-nɔɔn**
Bettwäsche	**phâa-puu-nɔɔn plɔ̀ɔk-mɔ̌ɔn**
Dusche	**náam-fàk-bua**
Empfangshalle	**hɔ̂ng-ráb-rɔɔng-khɛ̀ɛk**
Etage	**schán**
Fenster	**nâa-tàang**
Fernseher	**khrûang-ráb-thorathát**
Fernsehraum	**hɔ̂ng-duu-thorathát**
Frühstück	**aahǎan-scháao**
Frühstücksbüfett	**aahǎan-scháao-búffee**
Frühstücksraum	**hɔ̂ng-aahǎan-scháao**
Garage	**roong-rót**
Handtuch	**phâa-schét-tua**
Hauptsaison	**rʉ́duu-kaan-sǎmkhan**
Kleiderbügel	**mái-khwɛ̌ɛn-sʉ̂ʉa**
Klimaanlage	**khrûang-prâb-aakàat**
Kopfkissen	**mɔ̌ɔn-nǔn-hǔa**
Lampe	**ta-kiiang**
Licht	**sɛ̌ɛng-sawàang**

Lichtschalter	sawít
Matratze	thîi-nɔɔn
Minibar	tûu-jen
Mittagessen	aahǎan-klaang-wan
Moskitonetz	múng
Motel	moten
Nachsaison	rűduu-kaan-thad-pai
Nachttisch	tó-khâang-tiiang
Nachttischlampe	ta-kiiang bon tó-khâang-tiiang
Parkplatz	thîi-dschɔ̀ɔt-rót
Portier	phánák-ngaan-pöòd-pratuu
Radio	khrûang-wíthajú
reinigen	tham-khwaam-sa-àat
Reservierung	kaan-dschɔɔng
Rezeption	phanǟk-tɔ̂ɔn-ráb
Safe	sèef
Schlüssel	kun-dschää
Schrank	tûu
Sessel	kâo-îi-nuam
Speisesaal	hɔ̂ng-aahǎan
Spiegel	kradschòk
Steckdose	plák-fai

Die Netzspannung beträgt ca. 220 Volt. Die Steckdosen sind allerdings noch nicht einheitlich, so dass bisweilen Adapter benötigt werden, die aber überall erhältlich sind.

Stecker	hǔa-plák
Terrasse	rabiiang
Toilette	sûam/hɔ̂ng-náam
Toilettenpapier	kràdàat-schamrá
Transferbus	rót-mee-khǒn-sòng-khon
Türcode	rá-hàd khɔ̌ɔng pratuu
Übernachtung	kaan-kháang-khüün
Ventilator	phát-lom
Verlängerungswoche	kaan-jűüd-weelaa
Vorsaison	kɔ̀ɔn-rűduu-kaan
Waschbecken	àang-láang-nâa
Wäschewechsel	kaan-plìian-sûüa-phâa
Wasser	náam
kaltes Wasser	náam jen
warmes Wasser	náam rɔ́ɔn

Wasserglas	kâäo-náam
Wasserhahn	kɔ́k-náam
Wolldecke	phâa-hòm-sàkalàad
Zimmer	hɔ̂ng
Zimmermädchen	phánák-ngaan-tham-khwaam-sa-àat-hɔ̂ng
Zimmertelefon	khrûang-thorasàp thîi hɔ̂ng
Zwischenstecker	mɔ̂ɔ-pläng-fai

Gastronomie

Wer die Wahl hat ...
Essen und Trinken haben einen großen gesellschaftlichen Stellenwert im Leben der Thais. Allein in Bangkok findet man über 50 000 Ess-Gelegenheiten von der einfachen Garküche bis zum internationalen Feinschmecker-Restaurant. Die zahllosen Garküchen locken mit hervorragenden Fleisch-, Geflügel- und Fischgerichten, die mit einer Vielfalt exotischer Gewürze, schmackhaftem Gemüse, Kräutern, Wurzeln und Früchten in riesigen Woks und Töpfen frisch und sehr preisgünstig zubereitet werden. Die atemberaubende Schärfe wird durch kleine Chili-Schoten verursacht. Typische Gewürze sind **náam-plaa** (Fischsoße) und **náam-prík** (Chilisoße) statt Salz und Pfeffer. Das Essen ist trotz der Schärfe sehr gut verträglich.

Essen gehen

Wo gibt es hier ...	**thîi-níi mii ... thîi-năi**
ein gutes Restaurant?	**ráan-aahăan thîi dii**
ein deutsches Restaurant?	**ráan-aahăan jööraman**
ein nicht zu teures Restaurant?	**ráan-aahăan thîi thùuk**

Im Restaurant

Reservieren Sie uns bitte für heute Abend einen Tisch für 4 Personen.	**khɔ̆ɔ dschɔɔng tó sìi khon sămràb tɔɔn-jen níi hâi rao**
Ist dieser Tisch/Platz noch frei?	**tó/thîi-nâng níi jang wâang măi**

In besseren Restaurants ist es üblich, dass man vom Personal einen Platz zugewiesen bekommt.

Einen Tisch für 2/3 Personen, bitte.	**khɔ̆ɔ tó sămràb sɔ̆ɔng/săam khon**
Wo sind bitte die Toiletten?	**hɔ̂ng-náam jùu thîi-năi**

sùkhăa-schaai	สุขาชาย	Herren
sùkhăa-jĭng	สุขาหญิง	Damen

Darf ich rauchen?	**sùub-bùrìi dâi măi**

Bestellung

Herr Ober/Bedienung,	phîi/nɔ́ɔng/nŭu/khun
die Speisekarte,	raai-kaan-aahăan
die Getränkekarte, bitte.	raai-kaan-khrûang-dùüm
Was können Sie mir empfehlen?	khun nánam hâi phŏm wâa dschà kin arai dii dâi măi
Haben Sie vegetarische Gericht?	khun mii aahăan mang-sawírát măi
Gibt es auch Kinderportionen?	khun mii aahăan nùng dschaan lék sămràb dèk măi
Haben Sie schon gewählt?	khun lûak aahăan dâi rŭ jang
Ich nehme ...	phŏm ao ...
einen Teller hiervon.	jàang níi dschaan nùng
mit ... aber ohne ...	sài ... tâä mâi sài ...
Als Vorspeise/Nachtisch/Hauptgericht nehme ich ...	aahăan-wâang/khɔ̆ɔng-wăan/aahăan-klaang phŏm ao ...
Ich möchte keine Vorspeise, danke.	phŏm mâi ao aahăan-wâang khɔ̀ɔb khun
Wir haben leider kein/e ... (mehr).	khɔ̆ɔ-thôot tâä ... mâi mii (mòd lάäo)
Woraus besteht dieses Gericht?	aahăan níi prakɔ̀ɔb dûai arai
Ist dieses Essen (sehr) scharf?	aahăan níi phèd (mâak) măi
Bitte machen Sie es nicht zu scharf.	khɔ̆ɔ jàa tham aahăan phèd köön pai
Wie möchten Sie Ihr Steak?	khun schɔ̂ɔb núa saték schaníd năi
gut durch	sùk
halb durch	dìp-dìp sùk-sùk
englisch	dìp

Was wollen Sie trinken?	**khun jàak dùüm arai**
Bitte ein Glas ...	**khɔ̌ɔ ... nùng kâäo**
Bitte eine (halbe) Flasche ...	**khɔ̌ɔ ... nùng (khrûng) khùad**
Mit Eis, bitte.	**khɔ̌ɔ náam-khâng dûai**
Guten Appetit!	**dscharöön aahǎan**
Auf Ihr Wohl!	**schôok-dii ná khráb**
Haben Sie noch einen Wunsch?	**khun tông-kaan arai ìik**
Bitte bringen Sie uns ...	**khɔ̌ɔ ao ... hâi rao nɔ́ɔi**
Reis	**khâao**
kaltes Wasser	**náam jen**
Bier	**bia**

Beanstandungen

Bitte denken Sie daran, dass in Thailand offene Kritik als eine Form von Gewaltanwendung betrachtet wird. Offene Kritik gilt im schlechtesten Fall als vorsätzliche Kränkung und im besten Fall als Zeichen schlechter Manieren. Sollten Sie etwas zu beanstanden haben, so beachten Sie folgende Grundregeln: möglichst keine Konfrontation vor Zeugen; schmücken Sie Ihre Kritik mit viel Lob; seien Sie diplomatisch und bieten Sie Ihre Kritik nach Möglichkeit als Vorschlag an; seien Sie bei aller Kritik immer nett und freundlich.

Hier fehlt ein/e ...	**mâi mii ...**
Haben Sie mein/e ... vergessen?	**khun lüüm ... khɔ̌ng phǒm mǎi**
Das habe ich nicht bestellt.	**phǒm mâi dâi sàng níi**
Das Essen ist zu salzig.	**aahǎan khem köön pai**
Das Fleisch ist zäh.	**nʉ́a nǐiao**
Der Fisch ist nicht frisch.	**plaa mâi sòd**
Ich möchte gerne den Chef sprechen.	**phǒm jàak phûud kàb phûu-dschàd-kaan**

Die Rechnung

Bezahlen, bitte.	**schék-bin/kèb-tang dûai**
Bitte alles zusammen.	**khɔ̌ɔ bin rûam-kan**
Getrennte Rechnungen, bitte.	**schék-bin mâi rûam-kan**

Es ist unüblich, dass jeder für sich bezahlt. Grundsätzlich gilt: Der Einladende zahlt alles. Bei vielen Gelegenheiten wird jedoch keine eindeutige Einladung ausgesprochen. Dann zahlt der sozial Höhergestellte. Im Kreis von nahezu gleichgestellten Speisenden gebietet die hohe Wertschätzung der Großzügigkeit, dass Sie die gesamte Rechnung bezahlen. Wer sich wiederholt vor dem Zahlen der Zeche drückt oder dem Zahlenden nur seinen eigenen Anteil erstatten will, wird als Geizhals mit der Bezeichnung **khîi-nǐiao** (= „klebrige Scheiße“) versehen.

Die Rechnung scheint mir nicht zu stimmen.	**phǒm khíd wâa bin phìd**
Das habe ich nicht gehabt. Ich hatte ...	**phǒm mâi dâi kin aahǎan níi** **phǒm dâi kin ...**
Hat es geschmeckt?	**dâi arɔ̀i mǎi**
Das Essen war ausgezeichnet.	**aahǎan dâi arɔ̀i mâak**
Das ist für Sie.	**níi pen thíp**
Es stimmt so.	**mâi tɔ̂ng thɔɔn**

Guter Service ist eine Selbstverständlichkeit. Trotzdem freut man sich auch in Thailand über Trinkgelder. Wie bei uns sind etwa 10% üblich.

➢ auch Lebensmittel, S. 128

Abendessen	aahǎan-jen
alkoholfrei	mâi sài äänkhɔɔhɔɔn
Aschenbecher	thîi-khìa-bùrìi
Besteck	schúd-schɔ́ɔn-sɔ̂ɔm

Normalerweise isst man in Thailand mit Löffel (**schɔ́ɔn**) und Gabel (**sɔ̂ɔm**). Genauer gesagt isst man mit dem Löffel, den man in der rechten Hand hält. Die Gabel in der Linken nimmt man, um den Löffel zu beladen. Ess-Stäbchen (**takìiab**) werden auch in Thailand verwendet, allerdings nur für Suppen, Nudelgerichte und die kleinen Frühlingsrollen (**pɔpía**).

Bestellung	kaan-sàng-khɔ̌ɔng
Chili	phrík
~ pulver	phrík phǒng
~ soße	náam phrík
Currygericht auf Kokosmilchbasis	käang
Currypulver	karìi
Diabetiker/in	khon thîi pen rôk-bao-wǎan
Dressing	sɔ́ɔd-aahǎan
Eiernudeln	bamìi
Essig	náam-sôm
Fischsoße	náam-plaa
Fleck	dschùd dâang-dam
Frühstück	aahǎan-scháao
Gabel	sɔ̂ɔm
Gedeck	schúd ráb-prathaan
Gericht	aahǎan
Getränk	khrûang-dùüm
Gewürz	khrûang-thêet
Glas	kâäo
Wasserglas	kâäo-náam
Weinglas	kâäo-wain
Gräte	kâang-plaa
hart	khǎng
Hauptspeise	aahǎan-klaang
hausgemacht	tham-jùu-kàb-bâan
heiß	rɔ́ɔn
hungrig sein	hǐu-khâao
Karaffe	jüüak
Kellner/in	khon-döön-tó
Ketschup	náam-sɔ́ɔd-schaníd-nùng
Kinderteller	dschaan-dèk
Knoblauch	krathiiam
Knochen	krà-dùuk

Koch/Köchin	phɔ̂ɔ-khrua/mâä-khrua
Kokossahne	katii
Korkenzieher	thîi-pòöd-dschùk-khùad
Löffel	schɔ́ɔn
Teelöffel	schɔ́ɔn lék
Menü	rai-kaan-aahǎan
Messer	mîit
Mittagessen	aahǎan-klaang-wan
Nachtisch	khɔ̌ɔng-wǎan
Öl	náam-man
Pfeffer	phrík-thai
Portion	aahǎan nùng dschaan
Reis	khâao
gedämpfter Klebereis	khâao-nǐiao
... auf Reis	... râad khâao
Reisnudeln	kǔaitǐao
Rost	ta-krääng-jâang
Salat	salàd
Salz	klüa
Scheibe	phàän
Schonkost	aahǎan rót mâi schâat
Senf	mádsatàad
Serviette	kradàat-schéd-müü
Soße	náam-schuu-rót
Speisekarte	raai-kaan-aahǎan
Spezialität	khɔ̌ɔng-phí-sèd
Stäbchen	takìiab
Strohhalm	lɔ̀ɔd
Suppe	náam-súp
Suppenteller	dschaan-súp
Süßstoff	sǎan-hâi-khwaam-wǎan-thään-náam-taan
Tasse	thûai
Untertasse	dschaan-rɔɔng-thûai
Teller	dschaan
Trinkgeld	ngön-thíp
trocken *(Wein)*	wain hâäng
vegetarisch	mang-sawírát
Vorspeise	aahǎan-wâang
Wasser	náam
würzen	prung-rót
Zahnstocher	mái-dschîm-fan
Zucker	náam-taan

Zubereitung

durchgebraten	thɔ̂ɔd
gebacken/geschmort/ überbacken	ɔ̀ɔb
gebraten	thɔ̂ɔd
am Spieß	sìab-mái
vom Grill	tham-dschàak-kaan-jâang
in der Pfanne	phàt nai kràthá
gedämpft/gedünstet	nûüng
gefüllt	jád-sài
gekocht	tôm
geräuchert	rom-khwan
geröstet	pîng/jâang
gar	sùk
mager	mâi mii man
roh	dìp
saftig	schàm
sauer	prîiao
scharf	phèd
süß	wăan
weich	ɔ̀ɔn
zäh	nĭiao
zart	ɔ̀ɔn-nûm

raai-kaan-aahǎan Speisekarte

Die Bezeichnungen der Gerichte sind systematisch aufgebaut: nach dem Hauptbestandteil (Reis, Nudeln, Fleisch-, Fisch- oder Gemüsesorte) folgt die Art der Zubereitung und die Geschmacksrichtung, dann eventuell noch die Zutaten.
Beispiel.: **khâao phàd kài sài khài** (Reis gebraten Huhn hinzufügen Ei) also: gebratener Reis mit Hühnerfleisch und Ei.

aahǎan-scháao	Frühstück
kaafää rɔ́ɔn/jen	heißer/kalter schwarzer Kaffee
kaafää sài nom	Kaffee mit Milch
kaafää mâi mii khofäin	koffeinfreier Kaffee
schaa rɔ́ɔn sài nom/ náam-manaao	heißer Tee mit Milch/Zitrone
náam-schɔ́ɔk-ko-lǟät	Schokolade
náam-phǒnlamáai	Fruchtsaft
khài tôm jaang mátuum	weiches Ei
khài dschîiao	Rühreier
beekhɔ̂ɔn khài	Eier mit Speck
khanǒm-pang	Brot
khanǒm-pang-kɔ̂ɔn-lék	Brötchen
khanǒm-pang-phǎn	Toast
khruasɔɔng	Hörnchen
nööi	Butter
nööi-khǎng	Käse
sâi-krɔ̀ɔk	Wurst
mǔu-häm	Schinken
náam-phûng	Honig
jääm	Marmelade
musalíi	Müsli
nom-prîiao	Joghurt
khâao-tôm	Reissuppe
phǒnlamáai rûam	gemischtes Obst

kàb-klâäm	Kleine Gerichte
hɔ̂ɔi-dschɔ́	frittierte Garnelenwürstchen mit Pflaumensoße
jam-wún-sên	Fleisch-Glasnudel-Salat
kàb-klâäm-tàang-tàang	gemischte Vorspeisen
kài-jâng	gegrillte Hühnerschlegel
kanǒm-pang-nâa-mǔu	frittiertes Toastbrot mit Schweinehackfleisch-Aufstrich
karìi-phab	mit Kartoffeln, Fleisch, Gemüse und Curry gefüllte Teigtaschen

khâao-krìab	Krabbenbrot
lâab-núa	scharfer Hackfleisch-Salat
mìi-kathí	Nudeln in Kokosmilch
mǔu-dàäd-dîao	getrocknetes und geröstetes Schweinefleisch
pɔpía-thɔ̂ɔd	frittierte Frühlingsrolle
sàté-kài	Hühnerfleischspießchen vom Grill
sôm-tam	scharfer Papaya-Salat
thɔ̂ɔd-man-plaa	frittierte Fischfrikadelle

kääng-dschùüd	**Suppen**
kääng-dschùüd	klare Fleisch- und Gemüsesuppe
kääng-dschùüd-lûuk-schín-plaa	klare Suppe mit Gemüse und Fischfleischbällchen
khâao-tôm-plàao	einfache Reissuppe
kǔaitǐao-náam	klare Nudelsuppe
pèt-tǔn-phàk	Entensuppe mit Gemüse
tôm-jam-kûng	scharfe Zitronengrassuppe mit Garnelen
tôm-khàa-kài	Kokosmilchsuppe mit Zitronengras und Hühnerfleisch

aahǎan-thai	**Typisch thailändische Gerichte**
kääng-karìi-kài	milder indischer Curry mit Hühnerfleisch
kääng-khîiao-wǎan	süßlicher grüner Curry mit Kokosmilch und jungen Auberginen
kääng-liiang-kûng	klarer scharf-saurer Curry mit Gemüse und Garnelen
kääng-másamàn	Rindfleisch-Curry mit Kartoffeln
kääng-phèd-mǔu	scharfer Curry mit Kokosmilch und Schweinefleisch
kääng-sôm	scharf-saurer Curry ohne Kokosmilch
kài-phàd-méd-mámûang	gebratenes Hühnerfleisch mit Cashewnüssen
khâao-mǔu-dääng	Reis mit gebratenem Schweinefleisch
khâao-phàd-kûng	gebratener Reis mit Garnelen
kǔaitǐao-phàd-sii-íu	gebratene Nudeln mit Fleisch und Gemüse in einer Sojasoße

kŭaitĭao-phàd-thai	gebratene Nudeln mit Fleisch und Gemüse
kŭaitĭao-râad-nâa	gebratene Nudeln mit Fleisch in einer Gemüsesoße
mŭu-phàd-phrík	gebratenes Schweinefleisch mit Chili und Paprika
nŭa-phàd-náam-man-hɔ̆ɔi	gebratenes Rindfleisch mit Gemüse in Austernsoße
phàd-prîiao-wăan-kài	süß-saures Hühnerfleisch mit Gemüse
phánääng-nŭa	geschnetzeltes Rindfleisch in scharfer Kokossoße

plaa lǽ aahăan thalee	**Fisch und Meeresfrüchte**
kûng	Garnelen
hɔ̆ɔi	Muscheln
hɔ̆ɔi-maläängi	Miesmuscheln
hɔ̆ɔi-naang-rom	Austern
kûng-mang-kon	Languste
plaa-lăi	Aal
plaa-lín-măa	Seezunge
plaa-mŭk	Tintenfisch
plaa-scha-lăam	Haifisch
puu	Krabben

nŭa	**Fleisch**
kòb	Frosch
hàan	Gans
hŭa-dschai	Herz
kài	Huhn
mŭu	Schwein
nŭa	Rind
pèd	Ente
tàb	Leber

aahăan-pràphêt-khài	**Eier**
khài-daao	Spiegelei
khài-dschiiao	Rührei/Omelett
khài-dschiiao-mŭu-sàb	Rührei mit gehacktem Schweinefleisch
khài-jád-sâi	mit Gemüse und Fleisch gefülltes Omelett

salàd	Salat
jam-plaa-mùk	Tintenfisch-Salat
lâab-mǔu	Schweinefleisch-Salat
jam-nǔa	scharfer Rindfleisch-Salat
salàd-phàk-rûam	gemischter Salat

phàk	Gemüse
bai-horaphâa	Basilikum
bai-màkrud	Zitronenblätter
hèt	Pilz
hǔa-hɔ̌ɔm	Zwiebel
hǔa-phàk-kàad-dääng	Karotte
kalam-plii	Kohl
khâao-phôd	Mais
khing	Ingwer
krathiiam	Knoblauch
makhǔa-jaao	Aubergine
makhǔa-thêet	Tomaten
man-faràng	Kartoffel
nɔɔ-maai	Bambus
phàk-khánáa	Brokkoli
phàk-khôom	Spinat
phàk-schii-faràng	Petersilie
phrík	Chili
phrík-jùak	Paprika
tääng-khwaa	Gurke
takrai	Zitronengras
thùa	Bohnen
thùa-lantao	Erbsen
thùa-ngɔɔk	Sojasprossen
tôn-kalàm-dɔ̀ɔk	Blumenkohl

khɔ̌ɔng-wǎan	Nachspeisen
ai-sa-khiim	Eis
khâao-lǎam	süßer Klebereis im Bambusrohr
khâao-nǐiao-mamûang	süßer Klebereis mit Mango
klûai-bùad-schii	in Kokosmilch gekochte Bananen
klûai-thɔ̂ɔd	überbackene Bananen
lûuk-taan	Palmensamen in Sirup
mɔ̂ɔ-kääng	gebackene Eierspeise mit Zwiebeln oder Durian
tà-kôo	Kokospudding

phŏnlamáai	Obst
a-ngùn	Weintrauben
ấpổn	Apfel
khanŭn	Jackbaumfrucht
klûai-hɔ̆ɔm	Banane
lam-jai	Longan
lı́ndschı̀i	Litschi
lûuk-ngó	Rambutan
máfüang	Sternfrucht
mákhăam	Tamarinde
malakɔɔ	Papaya
mamûang	Mango
manaao	Limone
mang-khúd	Mangosteen
maphráao	Kokosnuss
méd-mamûang	Cashewnüsse
nɔ́ɔi-nàa	Zimtapfel
sàparód	Ananas
satrɔɔbööriî	Erdbeere
schompûu	Rosenapfel
schöörii	Kirsche
sôm	Orange
sôm-khı̌iao-wăan	Mandarine
sôm-oo	Pomelo
tääng-moo	Wassermelone
thùa-lisŏng	Erdnüsse
thúrian	Durian

raai-kaan-khrûang-dùüm — Getränkekarte

Bitte ohne Salz!
Fruchtsäfte werden oft gesalzen serviert, was nicht unbedingt unserem westlichen Gaumen gefällt. Nach vollzogener Experimentierphase empfiehlt es sich daher, beim Bestellen von Säften hinzuzufügen: **mâi ao klüa** (nicht nehmen Salz), also: „Bitte ohne Salz!"

khrûang-dùüm mâi sài äänkhɔɔhɔɔn	**alkoholfreie Getränke**
náam-phŏnlamáai-pàn	Fruchtmixgetränke (mit zerstossenem Eis)
sàparód-pàn	mit Ananas
malakɔɔ-pàn	mit Papaya
náam-sôm-khán	Orangensaft
náam-manaao-khán	Limonensaft
náam-phŏnlamáai-rûam	gemischter Früchtesaft
náam jen	kaltes Trinkwasser

náam jen (kaltes Wasser) wird gewöhnlich kostenlos zu jedem Essen gereicht. **náam khăng** („Wasser hart") werden die meist darin enthaltenen Eiswürfel genannt.

oo-lîang	kalter Kaffee (mit Zucker, ohne Milch)
kaafää rɔ́ɔn/jen	Kaffee heiß/kalt
schaa rɔ́ɔn/jen	Tee heiß/kalt
schaa sài nom/manaao	Tee mit Milch/Limone
náam-fääntâa	Orangenlimonade
náam-khóok	Cola
náam-sabáit	Zitronenlimonade
náam-soodaa	Sodawasser

khrûang-düüm sài äänkhɔɔhɔɔn	**alkoholische Getränke**
bia	Bier
bia-khùad	Flaschenbier
bia-sòd	Fassbier
wain khăao/dääng/schomphuu	Wein weiß/rot/rosé
mâäkhŏng	thailändischer Reis-Whiskey

Besichtigungen und Ausflüge

Achtung Fettnäpfchen!
Überall in Thailand findet man unzählige buddhistische Tempel, **wat** genannt, kunstvolle antike bis zu kitschig bunten neuen. Zum Pflichtprogramm in Bangkok gehören sicherlich der **Wat Phra Käo** und der **Wat Arun.** Ein Besuch des Tempels des liegenden Buddhas im **Wat Pho** lohnt sich ebenfalls.
Wichtiger als sonst irgendwo ist hier die Einhaltung bestimmter Verhaltensregeln: Die Schuhe sind vor dem Betreten des **bot,** dem heiligsten Ort des Tempels, auszuziehen. Auch Kopfbedeckungen müssen abgenommen werden. Männer in kurzärmeligen Hemden oder Frauen in Hosen (vor allem kurzen Hosen) sind nicht gerne gesehen. Lautes Sprechen sollte man vermeiden und nur fotografieren, wenn dies ausdrücklich erlaubt wurde. Buddha-Darstellungen sind mit höchstem Respekt zu behandeln. Es ist absolut tabu, mit den „unwerten" Füßen auf Buddha-Darstellungen zu zeigen oder Buddha-Figuren zu besteigen. Selbstverständlich darf auch in den Tempeln die Türschwelle nur überschritten und nicht betreten werden.

Im Fremdenverkehrsamt

Ich möchte einen Stadtplan von ... haben.	**phǒm tông-kaan mii phǎän-thîi müüang ...**
Haben Sie einen Veranstaltungskalender für diese Woche?	**khun mii sùdschì-bàt sǎmràb ngaan-aathít níi rǔ plàao**
Gibt es Stadtrundfahrten?	**mii thǔa-rɔ̂ɔb-müüang mǎi**
Was kostet die Rundfahrt?	**thǔa-rɔ̂ɔb-müüang rakhaa thâorai**

Sehenswürdigkeiten – Museen

Öffnungszeiten, Führungen, Eintrittskarten

Welche Sehenswürdigkeiten gibt es hier?	**thîi-níi mii sìng-thîi-nâa-schom-nâa-duu arai**
Sie müssen unbedingt ... besichtigen/besuchen.	**khun tông pai thîiao ... sí**

Wann ist das Museum geöffnet?	**phíphí-thaphan pòöd mûarai**
Wann beginnt die nächste Führung?	**kaan-nam-schom khráng tɔ̀ɔ pai mûarai**
Gibt es auch eine Führung in Deutsch?	**mii khon nam-schom thîi phûud phaasăa jööraman dûai măi**
Darf man hier fotografieren?	**thîi-níi thàai-rûup dâi măi**
Eintritt frei!	**schom-fríi**
Zwei Eintrittskarten, bitte.	**khɔ̌ɔ bàt sɔ̌ɔng bai**
Zwei Erwachsene und ein Kind.	**phûu-jài sɔ̌ɔng khon dèk khon diiao dûai**
Gibt es Ermäßigungen für ...	**mii kaan-lód-jɔ̀ɔn sămràb ...**
... Kinder?	**... dèk-dèk**
... Studenten?	**... nák-sùksăa**
... Senioren?	**... phûu-ráb-bîabamnaan**
... Gruppen?	**... klùm-phûu-khon**
Gibt es einen Katalog zur Ausstellung?	**mi khäätaalɔk thîi pai sadääng scho dûai rǔ plàao**

Was? Wann? Wo?

Ist das ...?	**níi khüü ... măi**
Wann wurde dieses Gebäude erbaut/restauriert?	**sìng-kɔ̀ɔ-sâang níi sâang/ sɔ̀ɔm-sääm tâng-tàä mûarai**
Aus welcher Epoche stammt dieses Bauwerk?	**sìng-kɔ̀ɔ-sâang níi tham tâng-tàä júk năi**
Von wem ist dieses Bild?	**phàap-khǐian níi khɔ̌ng khrai**
Haben Sie das Bild als Poster/Postkarte/Dia?	**khun mii posatöö/pósakáad/salai kíiao-kàb phàap-khǐian phûak níi măi**

Allgemeines

Almosen	**thaan**
Barke (königliche)	**rüüa-phrá-thîi-nâng**
Besichtigung	**kaan-thîiao-schom**
Brauchtum	**khanob-tham-niiam**
Buddha	**phrá-phút-thá-dschâo**
Buddhismus	**sàa-sànăa-phút**

Der Buddhismus ist die weitverbreiteste Religion (ca. 95%) in Thailand. Der Leitsatz „Tu anderen das, was du gerne von ihnen erhalten willst", prägt die Toleranz der Thai gegenüber Andersdenkenden. Viele junge Thai treten für kurze Zeit dem Mönchsorden bei, um die buddhistischen Tugenden zu erlernen und um während der Fastenzeit das enthaltsame Leben zu praktizieren. Auch an der Spendenfreudigkeit der Thai kann man ihren starken buddhistischen Glauben erkennen. So werden den Mönchen z. B. sehr freigiebig Speisen übergeben. Dem Glauben entsprechend geschieht dies aber nicht uneigennützig: die Spendenden erwerben sich auch hiermit entscheidende Verdienste für ihr Nirvana.
Über das Verhalten gegenüber Mönchen sollte man folgendes wissen: Immer mit Respekt begegnen, also hinter den Mönchen laufen, nicht in Anwesenheit eines Mönchs die Beine kreuzen. Gaben werden mit der rechten Hand übergeben, während die linke den Ellbogen des rechten Armes stützt. Frauen dürfen keinesfalls einen Mönch und sein Gewand berühren oder ihm etwas direkt übergeben.

Christentum	**sàa-sànăa-khrít**
Denkmalschutz	**pɔ̂ɔm-prakaan**
Elfenbein	**ngaa-schâang**
Fremdenführer	**khon-nam-thîiao**
Führung	**kaan-nam-schom**
Funde	**kaan-phób**
Fußabdruck Buddhas	**phrá-phút-thabaat**
Garuda	**khrut**

Garuda (khrut). Der König der Vögel ist das Wappentier der Thai. Er ist eine Mischung aus Vogel und Mensch und praktisch überall im Alltag zu finden. Er ziert alle offiziellen Papiere, die irgendwas mit dem König zu tun haben (z. B. Visastempel).

Geschichte	**prà-wàt-sàat**
Islam	**sàa-sànăa-ìsalaam**
Kaiser/in	**dschàkaphád**
Khmer	**khɔ̌ɔm**
König/in	**prá-râaschá/phrá-raaschinii**

Die absolute Gottkönig-Monarchie wurde 1932 durch eine Revolution zu einer konstitutionellen Monarchie umgewandelt. Der König Phumiphon ist aber weiterhin Staatsoberhaupt, Schirmherr der Religionen und Oberkommandeur der Streitkräfte. Er wird in beispielloser Bewunderung vom ganzen Volk als heiliger und unverletzlicher Wohltäter verehrt. Daher findet man überall Bilder des Königs und seiner Gemahlin Sirikit in üppigen Rahmen und mit Blüten verziert. Ehrfurchtslose Äußerungen über das Königshaus beleidigen jeden Thai und sind daher unbedingt zu unterlassen.

Kunst	**sǐnlapà**
Markt	**talàad**
Museum	**phíphí-thaphan**
Naga *(mythologische Schlangengottheit)*	**nâak**

Naga (**nâak**), Halbbruder des Garuda, König der Schlangen, wird häufig mit bis zu sieben Köpfen dargestellt. Er beschützt viele **wats**. Geländer langer Tempeltreppen und das lange geschwungene First-Endstück auf den Tempeldächern sind ihm oft nachgebildet.

Naturkundemuseum	**phíphí-thaphan-klaang-dschâang**
Opfergaben	**wai phrá**

Die Thai bringen den Buddhas mit gefalteten Händen ihre Opfergaben dar (**wai phrá**): Diese bestehen aus einer geschlossenen Lotosblüte **(dɔ̀ɔk-bua)**, einer Kerze **(thiian)** und drei Räucherstäbchen **(thûup)**. Darüber hinaus werden Buddhastatuen mit vielen kleinen Goldblättchen **(thɔɔng-pìd-phrá)**, die man in der Tempelumgebung in Form kleiner Briefchen kaufen kann, „geschmückt". So sind viele Statuen vorwiegend im Kopf-, Mund- und Brustbereich mit tausenden dieser Plättchen beklebt. Der Spender erwirbt sich dadurch Weisheit und Gutherzigkeit.

Ramayana-Epos *(thail. Version)*	râamakiian

Das **Ramakien**, eine angepasste Version des alten indischen Epos Ramayana (2. Jh. n. Chr.), erzählt von dem immer währenden Kampf zwischen Gut und Böse. Es wird durch zahlreiche Gemälde (z. B. im **Wat Phra Käo**) und verschiedene Bearbeitungen thailändischer Könige für das klassische Tanztheater erzählt. Die Thai werden nicht müde, sich die Abenteuer des Prinzen Rama, der Prinzessin Sita und des weißen Affengenerals Hunuman erzählen zu lassen.
Auch das Maskendrama (**khŏn**), eine Mischung aus Tanz und Theater, hat das Ramakien zum Vorbild.

rekonstruieren	sâang-dschàak-dschintanaakaan
Religion	sàa-sànăa
restaurieren	sɔ̂ɔm-sääm
Ruinenstadt	sâak-pràk-hàk-phang-khɔ̌ng-müüang-boraan
Sehenswürdigkeit	sathăan-thîi-nâa-thîiao
Stadtrundfahrt	thŭa-rɔ̂ɔb-müüang
Stadtteil	tambon
Stadtzentrum	trong nai müüang
Straße	thanôn
Überreste	sìng-thîi-lǚüa-jùu
Volkskundemuseum	phíphí-thaphan-thɔ́ɔng-thîn
Vorort	tambon-schaan-müüang
Wachablösung	kaan-plìian-jaam
Wahrzeichen	làk-pàk-pan-khèt-thîi-din
Zeremonie	phíthii

Architektur

Altar	thîi-buu-schaa
Altstadt	nai-müüang kào
Archäologie	boraan-khadii
Architekt/in	nák-sàtăa-pàník
Architektur	sàtăa-pàtajákam
Ausgrabung	kaan-khùd-tǜäng
Bauwerk	sìng-kɔ̀ɔ-sâang
Bot	bòot
Brücke	sàphaan
Brunnen	bɔ̀ɔ-náam
Buddhastatue	phrá-phút-thá-rûup
Burg	pɔ̂ɔm-praasàat

Buddha im Sukhothai Historical Park

Chedi	dscheedii
Dach	lăng-khaa
Decke	phäädaan
Denkmal	anúsăawarii
Fassade	nâa-tȕk
Fenster	nâa-tàang
Festung	pɔ̂ɔm
Friedhof	pàa-scháa
Gebäude	sȉng-kɔ̀ɔ-sarâang
Gedenkstätte	sathăan-thȋi-ralȕük-thȕng
Geisterhäuschen	săan-phrá-phuum

Vor praktisch jedem Gebäude, ob kleines Wohnhaus oder Bürowolkenkratzer, findet man einen gold und bunt verzierten Miniatur-Tempel (Geisterhäuschen) etwas über der Kopfhöhe auf einem Podest oder Pfahl angebracht. In ihm wohnt der Hausgeist (**phȉi ruan**), in den Reisanbaugebieten der Erdgeist (**phrá phuum**). Er wird regelmäßig mit kleinen Opfergaben, Speisen und Jasminkränzen (**phuang malai**) besänftigt, damit Frieden und Glück auf diesem Grundstück erhalten bleiben.

Gewölbe	khóng
Giebel	nâa-dschùa
Grab	sùsăan
Graben (Stadtgraben)	khuu-müüang
Hindutempel	thäo-aalai
Hinduschrein	săan-phrá-phrom
Innenhof	phaai-nai-boriween

Inschrift	**kham-dschaa-rűük**
Kapelle	**bòot-lék**
Kathedrale	**bòot-jài**
Kirche	**bòot**
Kirchturm	**hɔ̌ɔ-bòot**
Kloster	**wád**
Königspalast	**phrá-râaschá-wang**
Kuppel	**lăng-khaa-rûup-klom**
Lingam	**sǐu-lüüng**
Markthalle	**roong-talàad**
Mauer	**kamphääng**
Mondop	**mon-top**
Moschee	**sùrào**
Palast	**phrá-râa-schawang**
Pavillon	**phláb-phlaa**
Platz	**sanăam**
Portal	**pratuu-bâan**
Prang	**praang**
Ruine	**sâak-pràk-hàk-phang**
Sarkophag	**long-sòp-dûai-hǐn**
Sala *(offener Pavillon)*	**săalaa**
Säule	**săo**
Schatzkammer	**khlang-mahăa-sŏmbàt**
Schloss	**praasàat**
Schrein	**săan**
Stadtmauer	**kamphääng-müüang**
Stupa	**sathùup**
Tempel	**wád**

Gebetshalle (Bot) des Wat Arun, Bangkok

Tempelbezirk	khèt-wád
Theater	roong-maharasòp
Thron	banlang
Tor	pratuu
Turm	hɔ̌ɔ-khooi
Universität	mahǎa-wíthajaalai
Viharn (Versammlungshalle)	wíhǎan
wieder aufbauen	sâang-mài
Ziegel	ìt

Bildende Künste

Akt	phàap plüüoi
Aquarell	rûup-wâad-dûai-sǐi-náam
Ausstellung	kaan-sadääng
Bild	phàap-khǐian
Bildhauer/in	schâang-kà̂-salàk
Bilderzyklus	phàap-schúd
Bronze	sǐi-thɔɔng-sǎmrít
Exponat	dscham-lɔɔng
Fotografie	thàai-phàap
Galerie	rabiiang
Gemälde	rûup-wâad
Grafik	phàap-khǐian-pen-lǎai-lákanà-àksǒn
Keramik	seeraamik
Kopie	sǎmnao
Kreuz	kaang-khěn
Kunstgewerbe	kaan-sǐlápà-lá̂-hàt-thòkaam
Lackarbeit	khrûang-khǒn
Maler/in	schâang-thaasǐi
Malerei	dschìtrakam
Modell	bà̂äb-tua-jàang
Mosaik	rûup-rǚü-lûad-laai-thîi-kȍöd-dschàak-kaan-waang-schín-lék-lék
Nielloarbeit	khrûang-thǒm
Original	bà̂äb-schabàb-dööm
Plakat	phǎ̂än-pràkàad
Plastik	pra-timaakaam
Porträt	phàap-khon
Porzellan	khrûang-khlûab
Radierung	laai-kà̂
Schnitzerei	kaan-kà̂-salàk
Skulptur/Statue	rûup-pân
Terrakotta	rûup-pân-lék-lék-tham-dûai-din-nǐiao-phǎo
Vase	dschää-kan
Zeichnung	rûup-wâad-khǐian

Stilrichtungen und Epochen

altertümlich	boraan
antik	kào-lǎai-khraam
Blütezeit	júk-thɔɔng
Dynastie	râa-schawong
Epoche	júk
Jahrhundert	satawát
Lanna-Stil	sǐnlapà-lâan-naa
Mittelalter	samǎi-klaang
modern	than-samǎi
Stil	sǐnlapà-samǎi
vorgeschichtlich	kɔ̀ɔn-prà-wàti-sàat

Ausflüge

Wo ist die Abfahrt?	**kaan-ɔ̀ɔk jùu thîi nǎi**
Wann treffen wir uns?	**phób-kan mûarai**
Kommen wir am/an ... vorbei?	**rao dschà phàan ... mǎi**
Besichtigen wir auch ...?	**rao dschà pai thîiao duu ... dûai mǎi**
Wann fahren wir zurück?	**rao dschà klàb mûarai**

Ausflug	kaan-pai-thîiao-nɔ̂ɔk-müüang
Aussichtspunkt	dschùdschom-thiu-thát
Bergdorf	mùu-bâan-schaao-khǎo
Bootsausflug	kaan-thîiao-thaang-rüüa
Bootsrennen	kaan-khàäng-rüüa
Botanischer Garten	sǔan-phrǘksasàat
Bucht	àao
Deich	khǜan-kan-náam
Dschungel	pàa-thǘb
Elefantenschau	ngaan-schâang
Fest	ngaan
Feuerwerk	dɔ̀ɔk-mái-plööng
Floßfahrt	lɔ̂ɔng-phää
Freizeitpark	sǔan-sǎathaaraná
Führer	phûu-nam-thaang
Garten	sǔan
Gebirge	phuu-khâo
Grotte	thâm
Hinterland	hǔa-müüang-rɔ̂ɔb-nɔ̂ɔk
Höhle	thâm
Höhlentempel	wád-thâm

Inselrundfahrt	kaan-döön-thaang-rɔ̂ɔb-kɔ̀
Kanal	khlɔ̀ɔng
Klippe	hǐn-sǒkhrôk
Krokodilfarm	faam-dschorakhêe
Lagune	sà-jài

Strand auf Ko Phi Phi

Landschaft	phuumi-prathêet
Markt	talàad
Nachtmarkt	talàad-tô-rûng
schwimmender Markt	talàad-náam
Wochenendmarkt	talàad-nád
Nationalpark	pàa-sa-ngǔan
Naturschutzgebiet	khèet-sa-ngǔan-taam-tham-maschâat
Opium	fìn
Orchideenfarm	faam-dɔ̀ɔk-klûai-mái
Pass	dschùd-phàan-thaang
Provinz	dschang-wàd
Prozession	khabuan
Rundfahrt	kaan-döön-thaang-rɔ̂ɔb-müang
Schlangenfarm	faam-phǐi-sûa
Schlucht	sɔ̂ɔk-khǎo
See	thalee-sàap
Seidenweberei	kaan-thɔ̂ɔ-phâa-mǎi
Stausee	àang-kèb-náam
Tagesausflug	wan-pai-thîiao
Tal	hùp-khǎo

Trekking-Tour	thrék-khîng-thua
Tropfsteinhöhle	thâm-hǐn-jóoi
Uferpromenade	thaang-döön-lên
Umgebung	sa-phâap-wâäd-lɔ̂ɔm
Vogelschutzgebiet	wana-ùthajaan
Vulkan	phuu-khǎo-fai
Wald	pàa
Waldbrand	fai-mâi-pàa
Wallfahrtsort	sathǎan-thîi-námatsakaan-sìng-thîi-khaorop
Wasserfall	náam-tòk
Wildreservat	pàa-sa-ngǔan
Zoo	sǔan-sàt

Bade-, Aktiv- und Kreativurlaub

Wasser satt ...
Neben der Möglichkeit, an Thailands wunderschönen Stränden einfach nur zu faulenzen, bietet das Land viele Sportangebote. Dabei dominieren die Wassersportarten. Thailand hat einige der schönsten Tauchgründe der Welt. Es ist auch ein Paradies für Golfspieler. Auf Grund des milden Klimas kann dieser Sport auf den vielen schönen Anlagen das ganze Jahr über betrieben werden.
Eher gering sind dagegen die Angebote für den so genannten Kreativ-Urlaub. Diese findet man fast ausschließlich in den großen Clubanlagen. Begriffe wie „Workshop" oder „Selbsterfahrungsgruppe" sind für die meisten Thailänder unverständlich.

Badeurlaub

Gibt es hier ein ...	**thîi-níi mii ... mǎi**
Schwimmbad/Freibad?	**sa-wâai-náam**
Hallenbad?	**sa-phaai-nai**
Wo sind die ...	**... jùu thîi-nǎi**
Duschen?	**fàk-bua**
Umkleidekabinen?	**hɔ̂ɔng-plìian-sûüa-phâa**

สำหรับคนที่ว่ายน้ำเป็นเท่านั้น
sǎmràb khon thîi wâai-náam pen thâo-nán
Nur für Schwimmer!

ห้ามว่ายน้ำ
hâam wâai-náam
Baden verboten!

ห้ามกระโดดเข้าไปข้างใน
hâam kràdòd khâo pai khâang-nai
Hineinspringen verboten!

Ist der Strand sandig oder steinig?	**schaai-hàad tem-pai-dûai saai rǔü hǐn mǎi**
Gibt es hier Quallen?	**thîi-níi mii mäång-kaphrun mǎi**
Ist die Strömung stark?	**krasǎä khǎäng-räång mǎi**
Ist der Strand für Kinder geeignet?	**schaai-hàad mɔ̀ sǎmràb dèk mǎi**
Wann ist Ebbe/Flut?	**náam-long/náam-khûn mûarai**
Ich möchte ... mieten.	**phǒm khɔ̌ɔ schâo ...**
einen Liegestuhl	**kâo-îi phâa bai nùng tua**

einen Sonnenschirm	**rôm kan dǎǎd nùng khan**
ein Boot	**rüüa lam nùng**
ein Paar Wasserski	**sa-kii-náam nùng khûu**
Was kostet das pro Stunde/ proTag?	**rakhaa schûa-moong/wan lá thâorai**

Aquascooter	rót-lên-náam
Beach-Volleyball	kiilaa wɔɔleebɔɔn thîi hàad-saai
FKK-Strand	schaai-hàad sǎmràb khon-lát-thí-plüüoi-kaai
Kinderbecken	sa-wâai-náam sǎmràb dèk
Liegewiese	sathǎan-thîi-tàak-aakàat
Luftmatratze	thîi-nɔɔn-jaang
Nichtschwimmer	khon thîi wâai-náam mâi pen
schwimmen	wâai-náam
Schwimmer/in	phûu-wâai-náam
Schwimmflossen	rɔɔng-tháo-kòb
Schwimmflügel	plɔ̀ɔk-khǎän-lom
Tretboot	dschàkajaan-náam
Wasserski	sa-kii-náam
Wasserski fahren	lên sa-kii-náam
Windschirm	thîi-bang-lom

Aktivurlaub und Sport

Welche Sportmöglichkeiten gibt es hier?	**thîi-níi mii kiilaa arai hâi lên dâi bâang**
Gibt es hier ...	**thîi-níi mii ... mǎi**
einen Golfplatz?	**sanǎam kɔ́ɔb**
einen Tennisplatz?	**sanǎam thennít**
Wo kann man hier ...	**thîi-níi dâi ... thîi-nǎi**
angeln?	**tòk-plaa**
Golf spielen?	**lên kɔ́ɔb**
Wo kann ich ... ausleihen?	**jüüm ... dâi thîi-nǎi**
Ich möchte einen ...kurs für Anfänger/Fortgeschrittene machen.	**phǒm jàak tham kaan-sɔ̌ɔn ... sǎmràb phûu-rôöm-tôn/khûüb-nâa**

Wassersport — kiilaa-lên-náam

Bootsführerschein	bai-ànújâat-khàb-rüüa
Hausboot	bâan-bon-náam
Kanu	rüüa-bòd
Motorboot	rüüa-jon
Paddelboot	rüüa-phaai
Rafting	phää
Regatta	kaan-khȁäng-rüüa
Rückholservice	kaan-borikaan-klàb-maa
Ruder	hăang-sǚüa-rüüa
Ruderboot	rüüa-dschääo
rudern	phaai
Schlauchboot	rüüa-jaang-sùub-lom
Segelboot	rüüa-bai
segeln	lȃän-rüüa
Segeltörn	kaan-pai-thȋiao kàb rüüa-bai
Surfbrett	kradaan-tô-khlȗn
surfen	lên-phȁän-kradaan-tô-khlȗn
Wasserwandern *(Hausboot)*	pai thȋiao kàb bâan-bon-náam
Windsurfen	kaan-lên-phȁän-kradaan-tô-khlȗn-lom

Tauchen — kaan-dam-náam

Gerätetauchen	kaan-dam-náam kàb khrȗang-hăai-dschai
Harpune	scha-mùak
Sauerstoffgerät	khrȗang-hăai-dschai-dam-náam
Schnorchel	thɔ̂ɔ-hăai-dschai-dam-náam
schnorcheln	lên kàb thɔ̂ɔ-hăai-dschai-dam-náam
tauchen	dam-náam
Taucherausrüstung	ùpakon-kaan-dam-náam
Taucherbrille	wȁän-taa-dam-náam

Angeln — tòk-plaa

Angel	bèd-tòk-plaa
angeln	tòk-plaa
Angelschein	bai-ànújâat-tòk-plaa
Hochseeangeln	kaan-pramong-náam-lǘük

Ballspiele — kaan-lên-lûuk-bɔɔn

Ball	lûuk-năng
Basketball	kiilaa báaskédbɔɔn
Fußball *(Sport)*	kiilaa kaan-lên-fúutbɔɔn
Fußball *(Ball)*	lûuk-fúutbɔɔn
Fußballplatz	sanăam-lên-fúutbɔɔn
Fußballspiel	kaan-khăäng-fúutbɔɔn
Halbzeit	weelaa-phák-rawaang
Handball	kiilaa lûuk-dûai-müü
Mannschaft	kàlaasĭi-pradscham-rüüa
Netz	rang
Rugby	kiilaa rákbîi
Tor	pratuu-fútbɔɔn
Torwart	khon-fâo-pratuu-fútbɔɔn
Volleyball	kiilaa wɔɔleebɔɔn

Tennis und Badminton — kiilaa thennı́d lǽ kiilaa bàädmintân

Badminton	kiilaa bàädmintân
Doppel	khûu
Einzel	diiao
Federball	kiilaa lûuk-khŏn-kài
Flutlicht(anlage)	khrûang-sòng-fai
Schläger	mái-tii-lûuk
Squash	kiilaa thennı́d bàäb nüng thîi schái mái sân
Tennis	kiilaa thennı́d
Tennisschläger	mái-tii-lûuk-thennı́d
Tischtennis	kiilaa ping-pɔɔng

Fitness- und Krafttraining — kaan-ɔ̀ɔk-kamlang-kaai lǽ kaan-fùk-hàd-saphâap

Aerobic	äärobik
Bodybuilding	kaan-ɔ̀ɔk-kamlang-kaai
Fitnesscenter	roong-fùk-hàd-saphâap
Gymnastik	kaai-bori-hăan
Jazzgymnastik	kaai-bori-hăan-dschǽd
joggen	wîng-ɔ̀ɔk-kamlang-kaai
Jogging	kaan-wîng-ɔ̀ɔk-kamlang-kaai
Konditionstraining	kaan-fùk-hàd-saphâap

Wellness — khwaam-sabaai-sabaai

Massage	nûad
Sauna	ɔ̀ɔb-ai-náam
Whirlpool	náam-won

Rad fahren — khàb dschàkajaan

Fahrrad	rót-dschàkajaan
Fahrradhelm	mùak-kan-nɔ́t
Flickzeug	jaang-pa-lɔ́ɔ
Luftpumpe	thîi-sùub-lom
Mountainbike	dschàkajaan-sămràb-pàn-khûn-khăo
Rad fahren	khàb dschàkajaan
Radsport	kiilaa khàb-rót-dschàkajaan
Radtour	dschàkajaan-thɔ̂ɔng-thîiao
Rennrad	rót-dschàkajaan sămràb khàäng
Schlauch *(Reifen)*	thɔ̂ɔ-jaang

Wandern — kaan-thɔ̂ɔng-thîiao

Ich möchte eine Bergtour machen.	**phŏm jàak thɔ̂ɔng-thîiao phûu-khăo**
Können Sie mir eine interessante Route auf der Karte zeigen?	**khun hâi duu thaang-thɔ̂ɔng-thîiao thîi nâa-sŏn-dschai bon phăän-thîi dâi măi**

Tagestour	kaan-thɔ̂ɔng-thîiao-klaang-wan
Trekking	kaan-thɔ̂ɔng-thîiao-thrè-king
Wanderkarte	phǎän-thîi-thɔ̂ɔng-thîiao
wandern	thɔ̂ɔng-thîiao
Wanderweg	thaang-thɔ̂ɔng-thîiao

Reiten — khìi-máa

Ausritt	kaan-khìi-máa-thîiao
Pferd	máa
Polo	kiilaa tii-khliib-lǎng-máa
reiten	khìi-máa
Reitschule	roong-riian-khìi-máa

Golf — kiilaa kɔ́ɔp

18-Loch-Platz	sanǎam-kɔ́ɔp thîi mii sìb-pàäd ruu
Clubhaus	bâan-sa-mo-sǒm-kɔ́ɔp
Golf	kiilaa kɔ́ɔp
Golfclub	sa-mo-sǒm-kɔ́ɔp
Golfschläger	mái-tii-lûuk-kɔ́ɔp
Greenfee	khâa-lên-kɔ́ɔp
Parcours	sanǎam-kɔ́ɔp

Sonstige Sportarten

bowlen	lên-bolîng
Bungeejumping	bad-dschii-dscham
Eisbahn	laan-náam-khǎng
eislaufen	wîng-bon-náam-khǎng

Man glaubt es kaum, aber im obersten Stockwerk des World-Trade-Center in Bangkok gibt es eine große Eisbahn.

Fallschirmspringen	rôm-schuu-schîip
kegeln	lên-thɔɔi-mái
Leichtathletik	krithaa-bao
Minigolf	kiilaa minikɔ́ɔp
Schleppschirm *(am Strand)*	rôm-schuu-schîip-thalee
segelfliegen	bin-khrûang-rɔ̂ɔn
Skateboard	sakét-bɔ̀ɔd
Skateboard fahren	lên-sakét-bɔ̀ɔd

Sportveranstaltungen besuchen

Thaiboxen (muai-thai)
Muai-thai ist thailändischer Nationalsport. Mit dem westlichen Boxkampf hat es lediglich die Kleidung gemeinsam. Es handelt sich um eine Kombination aus „Box-Tanz" (**ram-muai**) begleitet von traditioneller Thai-Musik und einem recht gewalttätigen, dennoch graziös erscheinenden Kampf, bei dem Schläge mit allen Körperteilen außer dem Kopf erlaubt sind.
Fast genauso interessant wie der Kampf im Ring ist das Geschehen auf den Zuschauerrängen. Nur selten kann man die Thais so aus sich herausgehen sehen wie beim Boxkampf. Selbstverständlich wird bei dieser Gelegenheit auch kräftig gewettet. Authentische Kämpfe gibt es in Bangkok im Lumpini-Stadion und im Ratchdamnoen-Stadion.

Welche Sportveranstaltungen gibt es hier?	**thîi-níi mii kaan-sadääng-kiilaa arai bâang**
Ich möchte mir das Fußballspiel ansehen.	**phŏm jàak pai duu kaan-khȁäng-fúutbɔɔn**
Wann/Wo findet es statt?	**kȍöd-khȗün thîi-nǎi**
Was kostet der Eintritt?	**khâa-phàan-pratuu thâorai**
Wie steht's?	**dâi thâorai lǽäo**
2 zu 1.	**sɔ̌ɔng tó nùng**
eins-eins.	**nùng tó nùng**
Foul!	**fàao**
Schöner Schuss!	**kaan-jing sŭai**
Tor!	**pratuu**

Boxkampf *(thail.)*	**muai-thai**
Eintrittskarte	**tŭa/bàt**
Elfmeter	**lûuk-thôot**
gewinnen	**schaná**
Kasse	**thîi-dschàai-ngön**
Meisterschaft	**khwaam-schîiao-schaan**
Niederlage	**tham-hâi-phâai-phǽä**
Programm	**raai-kaan**
Radrennen	**kaan-khȁäng-dschàkajaan**
Rennen	**kaan-khȁäng**
Ringkampf	**muai-plâm**
Schiedsrichter	**phûu-tàd-sǐn**

Sieg	schai-schaná
Spiel	kaan-lên
Sportler/in	phûu-lên-kiilaa
Sportplatz	sanăam-kiilaa
Stadion *(Fußball)*	sanăam-fúutbɔɔn
Takraw *(thail. Ballspiel mit einem Rattanball)*	tà-krɔ̂ɔ
Thai-Boxen	kiilaa muai-thai
unentschieden	mâi-mii-phûu-schaná
verlieren	phắä
Wettkampf	kaan-khằäng-khăn

Kreativurlaub

Ich interessiere mich für ...	phŏm sŏn-dschai tham ...
einen Töpferkurs.	wíthĭi-thaang din-phăo
einen ...-Sprachkurs.	wíthĭi-thaang riian phaasăa ...
für Anfänger	sămràb phûu-rôöm-tôn
für Fortgeschrittene	sămràb khûüb-nâa
Wie viel Stunden pro Tag wird gearbeitet?	tham-ngaan wan lá kìi schûa-moong
Ist der Kurs schon voll belegt?	wíthĭi-thaang tem lắäo măi
Sind Vorkenntnisse erforderlich?	dscham-pen khwaam-rúu-rûüang-lûang nâa măi
Müssen Materialkosten extra bezahlt werden?	tɔ̂ng dschàai khâa ìik sămràb wád-thù măi
Bis wann muß man sich anmelden?	tɔ̂ng dschâäng thŭng mûarai
Was ist mitzubringen?	tɔ̂ng kèb arai maa dûai

Aquarellmalen	kaan-khĭian-rûup-wâad-dûai-sĭi-náam
Brotbacken	kaan-tham-khanŏm-pang
Fasten	kaan-òd-aahăan
Fotografieren	kaan-tham-rûup-thàai
Goldschmieden	kaan-tham-thɔɔng
Holzschnitzerei	kaan-kằ-salàk-mái
Kochen	kaan-tham-aahăan
Kurs	wíthĭi-thaang
Malen	kaan-khĭian-rûup-wâad

Ölmalerei	kaan-khǐian-rûup-wâad-dûai-sǐi-náam-man
Seidenmalerei	kaan-khǐian-rûup-wâad-bon-phâa-mǎi
Selbsterfahrung	pra-sòb-kaan-kàb-tua-eeng
Tanztheater	lakhon-ram
Theatergruppe	klùm-tham-lakhon
Trommeln	kaan-lên-klɔɔng
Yoga	jo-ká

Unterhaltung

Theater – Konzert – Kino

Welches Theater-Stück wird heute Abend gespielt?	**tɔɔn-jen níi mii lakhon rûüang arai**
Was läuft morgen Abend im Kino?	**phrûng-níi tɔɔn-jen mii năng rûüang arai**
Können Sie mir ein gutes Theaterstück empfehlen?	**khun dschà nánam lakhon thîi dii dâi măi**
Wann beginnt die Vorstellung?	**kaan-sadääng dschà rôöm kìi moong**
Wo bekommt man Karten?	**súü bàt dâi thîi-năi**
Bitte zwei Karten für ... Baht für heute Abend.	**khɔ̌ɔ bàt ... bàat sɔ̌ɔng bai sămràb tɔɔn-jen**
Kann ich bitte ein Programm haben?	**khɔ̌ɔ samùd-raai-kaan dâi măi**

Eintrittskarte	**tŭa/bàt**
Festival	**wan-dschalöŏm-dschalɔɔng**
Garderobe	**tûu-sûüa-phâa**
Kasse	**thîi-dschàai-ngön**
Pause	**jùud-schûa-khanà**
Programmheft	**samùd-raai-kaan**
Vorstellung	**kaan-sadääng**
Vorverkauf	**kaan-khăai-lûang-nâa**

Theater

Akt	**phàap plüüoi**
Aufführung	**kaan-sadääng**
Ballett	**rabam-plaai-tháo**
Drama	**lakhon-schiiwít**
Freilufttheater	**năng-kaang-plääng**
Inszenierung	**kaan-dschàd-sadääng**
Kabarett	**sathăan-thîi-sadääng-rabam**
Komödie	**lakhon-talòk**
Loge	**thîi-nâng-schán-phísèd-nai-roong-mahărasòp**
Maskentheater	**khŏon**
Oper	**ùparaakon**
Operette	**dschun-ùparaakon**
Parkett	**schán-lâang**
Premiere	**kaan-sadääng-pen-khráng-râäk**
Puppentheater	**hùn-kràbɔ̀ɔk**
Schauspiel	**kaan-sadääng**
Schauspieler/in	**nák-sadääng**
Spielplan	**raai-kaan-thîi-dschà-sadääng**
Tänzer/in	**phûu-tên-ram**
Theaterstück	**bòt-lakhon**
Varietee	**lakhon-bèd-ta-lèd**

Konzert

Chor	klùm-nák-rɔ́ɔng-pràsǎan-sǐiang
Dirigent/in	phûu-nam-wong-dontrii
Jazz	dschǻd
Komponist/in	nák-tȁäng-phleeng
Konzert	khɔɔnsȍöt
Sinfoniekonzert	khɔɔnsȍöt-phleeng-sinfoonı́i
Orchester	wong-dontrii
Pop	pɔp
Sänger/in	nák-rɔ́ɔng
Solist/in	phûu-lên-dontrii-diiao
Volksmusik	dontrii-lûuk-thûng

Kino

Film	nǎng/phâaphajon
Actionfilm	nǎng-búu
Dokumentarfilm	ban-thʉ̌k-phâaphajon-dschàak-schiiwı́t-dsching
Drama	lakhon-schiiwı́t
Horrorfilm	nǎng-phǐi
Klassiker	phâaphajon-jɔ̂ɔd-jîiam
Komödie	phâaphajon-talòk
Schwarzweißfilm	phâaphajon-khǎao-dam
Sciencefictionfilm	bòt-pràkɔ̀ɔb-phâaphajon-wı́thajaa-sàat
Thriller	phâaphajon-ráo-dschai
Western	phâaphajon-schaao-indiia-dääng
Zeichentrickfilm	kaatuun
Filmschauspieler/in	nák-sadääng
Hauptrolle	tǔa-sadääng-èek
Held	phrá-èek
Kino	roong-phâaphajon
Freilichtkino	nǎng-kaang-plääng
Originalfassung	tôn-schabàb
Regie	kaan-kam-kàb
Untertitel	kham-banjaai-pràkɔ̀ɔb

Nachtleben

Einen ersten Rang in der Gunst vieler Urlauber nimmt das Nachtleben ein. „One Night in Bangkok" bedeutet meist den Gang in eine der zahllosen GoGo-Bars in der Patpong Road oder der Soi Cowboy, wo mit Bikini bekleidete Mädchen zu lauter Disko-Musik auf den Theken tanzen. Die wilden Geschichten über die Sex-Shows im ersten Stock sind größtenteils wahr. Sehenswert ist diese Rotlichtzone oder Neonmeile alle Mal. Das AIDS-Risiko sollte man aber keinesfalls vergessen.

Was kann man hier abends unternehmen?	**rao săamâat tham arai dâi khâang-nai tɔɔn-jen**
Gibt es hier eine gemütliche Kneipe?	**mii ráan-khrûang-düüm thîi ban-jaakàat romäntik bâang mǎi**
Wo kann man hier tanzen gehen?	**thâäo-níi mii sathăan thîi tên-ram thîi-năi**
Wollen wir (noch einmal) tanzen?	**tên-ram-kan (ìik sàk rɔ̂ɔb) mǎi**

Abendgarderobe	sûüa-phâa-pai-thîiao
ausgehen	pai thîiao
Band	wong
Bar	baa
Disko	disako
Folklore	thɔ́ɔng-thîn
Folkloreabend	kaan-sadääng-thɔ́ɔng-thîn
Glücksspiel	kaan-lên-sìiang-schôok
Kabarett	sathăan-thíi-sadääng-rabam
Kneipe	ráan-khăai-lâo
Livemusik	dontrii-sadääng-sòd
Nachtklub	nái-khlàb
Show	kaan-sadääng
Spielkasino	bɔ̀ɔn-kaan-phanan
tanzen	ram
Tanzkapelle	flɔɔ-tên-ram

Feste und Veranstaltungen

Wann findet das ...-Festival statt?	**wan-dschalöŏm-dschalɔɔng ... mûarai**
vom ... bis ...	**... thǖng ...**
jedes Jahr im August	**düüan sínghăakhom thúuk pii**
alle 2 Jahre	**thúuk sɔ̌ɔng pii**
Was ist das genau?	**nîi khüü arai thîiang-trong**
Kann jeder mitmachen?	**thúuk khon pai tham dûai mǎi**

Büffelkampf	kaan-schon-wua
Hahnenkampf	kaan-schon-kài
Kirmes	ngaan-sŭan-sanùk
Prozession	khàbuan-hǎä
Puppentheater	hùn-kràbɔ̀ɔk
Schattenspiel	năng-tàlung
Zirkus	lakhon-sàt

Einkaufen

Erlebnis der besonderen Art
Einkaufen ist in Bangkok ein besonderes Erlebnis. Zu kaufen gibt es hier alles: vom Billig-T-Shirt bis zu edlen Kunstgegenständen. Der Straßenmarkt lockt ebenso wie die hochmodernen klimatisierten riesigen Shopping-Center.

Fragen

Ich suche ...

Werden Sie schon bedient?	**khun dâi ráb kaan-boriikaan rǚü jang**
Danke, ich sehe mich nur um.	**khɔ̀ɔb khun phŏm khɔ̌ɔ duu sàk-khrûu**
Ich möchte ...	**phŏm khɔ̌ɔ ...**
Haben Sie ...?	**khun mii ... măi**
Darf es sonst noch etwas sein?	**ráb arai phôm măi**

Handeln und kaufen

Das Handeln ist des Thai liebstes Hobby. Wer sofort den genannten Preis zahlt, verschenkt nicht nur leichtfertig seine Urlaubskasse, sondern verliert auch jegliche Achtung beim Händler. Im Zweifelsfall ist dieser sogar „beleidigt", da ihm der Spaß genommen wird. Und Spaß (**sanuk**) ist thailändische Lebensphilosophie und durchaus teilbar. Also: frisch gewagt ist halb gespart!

Wie viel kostet es?	**rakhaa thâorai**
Das ist aber teuer!	**phääng dschang-lööi**
Können Sie den Preis etwas senken?	**khun lód rakhaa nɔ́ɔi dâi măi**
Ich gebe ... Baht.	**phŏm dschà hâi ... bàat**
Das ist immer noch zu viel.	**jang mâak köön pai**
Einverstanden.	**tòk-long**
Gut, ich nehme es.	**tòk-long phŏm ao nîi**

Nehmen Sie ...	**khun ao ... mǎi**
Kreditkarten?	**bàt khreedit**

Geschäfte

Wo finde ich ...?	**mii ... thîi-nǎi**
Öffnungszeiten	**weelaa-kaan-pòöd**

เปิด **pòöd** offen	ปิด **pìd** geschlossen	บริษัทหยุดพักร้อน **borisàt-jùd-phák-rɔ́ɔn** Betriebsferien

Antiquitätengeschäft	**ráan-khǎai-khɔ̌ɔng-boraan**
Apotheke	**ráan-khǎai-jaa**
Bäckerei	**ráan-khanǒm-pang**
Blumengeschäft	**ráan-khǎai-dɔ̀ɔk-mái**
Boutique	**bùutík**
Buchhandlung	**ráan-khǎai-nang-sǚü**
Drogerie	**ráan-khǎai-jaa**
Eisenwarengeschäft	**ráan-khǎai-ùpakon-lèk**
Elektrohandlung	**ráan-khǎai-ùpakon-fai-fáa**
Feinkostgeschäft	**ráan-khǎai-aahǎan-thîi-mii-khunaphâap-phísèed**
Fischgeschäft	**ráan-khǎai-plaa**
Flohmarkt	**talàad-nád**
Fotogeschäft	**ráan-khǎai-rûup**
Frisör	**ráan-tàd-phǒm**
Juwelier	**ráan-khrûang-phét**
Kaufhaus	**ráan-khǎai-khɔ̌ɔng**
Konditorei	**ráan-phesatríi**
Kunsthändler	**phûu-khǎai-kaan-sǐlápà-lá-hàt-thòkaam**
Lebensmittelgeschäft	**ráan-khǎai-khɔ̌ɔng-scham**
Lederwarengeschäft	**ráan-khǎai-khrûang-nǎng**
Markt	**talàad**
Metzgerei	**ráan-khǎai-núa**
Musikgeschäft	**ráan-theep**
Obst- und Gemüsehändler	**ráan-khǎai-phǒnlamáai-lá-phàk**
Optiker	**ráan-khǎai-wâän-taa**

Parfümerie	ráan-khăai-náam-hɔ̌ɔm
Reformhaus	ráan-aahăan-phûa-sùkaphâap
Reinigung, chemische	ráan-sák-hâäng
Reisebüro	sămnák-ngaan-thɔ̂ɔng-thîiao
Schneider/in	schâang-tàd-sûüa
Schreibwarengeschäft	ráan-khăai-khrûang-khĭian
Schuhgeschäft	ráan-khăai-rɔɔng-tháo
Schuhmacher	schâang-tham-rɔɔng-tháo
Souvenirladen	ráan-khăai-khɔ̌ɔng-thîi-rálúk
Spielwarengeschäft	ráan-khăai-khrûang-lên
Spirituosengeschäft	ráan-sùraa
Sportartikel	khrûang-lên-kiilaa
Supermarkt	súppôö-máakêt
Süßwarengeschäft	ráan-thɔ́ɔfîi
Tabakladen	ráan-khăai-jaa-sùub-tàang-tàang
Trödler	khon-thalăi
Uhrmacher	schâang-naalikaa
Wäscherei	ráan-sák-rîid
Weinhandlung	ráan-wain
Zeitungshandlung	ráan-khăai-nang-sŭü-phim

Bücher, Zeitschriften und Schreibwaren

Ich hätte gern ...	**khɔ̌ɔ sŭü ...**
eine deutsche Zeitung.	**nang-sŭü-phim jööraman**
eine Zeitschrift.	**nang-sŭü-phim-raai-sàpdaa**
einen Reiseführer.	**năng-sŭü-nam-thîiao**

Bücher, Zeitschriften und Zeitungen

Illustrierte	nítajasăan
Kochbuch	năng-sŭü-tham-aahăan
Kriminalroman	náwáni-jaai-sùüb-sŭan
Landkarte	phăän-thîi
Reiseführer	năng-sŭü-nam-thîiao
Roman	nawaní-jaai
Stadtplan	phăän-thîi-müüang
Straßenkarte	phăän-thîi-thanôn
Taschenbuch	năng-sŭü-schabàb-krapăo
Zeitschrift	năng-sŭü-phim-raai-sàpdaa
Zeitung	năng-sŭü-phim

Schreibwaren

Ansichtskarte	phósakáad
Block	samùd-kráaf
Briefpapier	kradàat-khǐian-dschòd-mǎai
Briefumschlag	sɔɔng-dschòd-mǎai
Farbstift	dinsɔ̌ɔ-sǐi
Kugelschreiber	pàakaa-lûuk-lûün
Luftpost-Briefpapier	kradàat-kaan-prâisànii-aakàat
Malbuch	samùd-rabaai-sǐi
Papier	kradàat

Drogerieartikel

Bürste	prääng-phǒm
Creme	khriim
Handcreme	khriim sǎmràb phǐu müü
Damenbinden	phâa-anaamai
Deo(dorant)	jaa-dàb-klìn-tua
Duschgel	dschel-àab-náam
Haarfestiger	khriim-tä̀äng-phǒm
Haargel	dschel-tä̀äng-phǒm
Haargummi	jaang-rád-phǒm
Haarklammern	thîi-nìib-phǒm
Haarwaschmittel	schämphuu
Kamm	wǐi
Lichtschutzfaktor	khanàad-khân
Lippenstift	lipsatìk
Nagellack	jaa-thaa-léb
Nagellackentferner	jaa-láang-léb
Nagelschere	kan-krai tàd léb
Papiertaschentücher	thissuu
Parfüm	náam-hɔ̌ɔm
Pflaster	phlástôö
Pinzette	khiim-nìib
Präservativ	thǔng-jaang-anaamai
Puder	phǒng
Rasierapparat *(mechanisch)*	khrûang-kon-nùad
Rasierklinge	bai-mîid-kon
Rasierpinsel	prääng-thǔu-sabùu-kon-nùad
Rasierschaum	fɔ̌ɔng-kon-nùad
Rasierwasser	náam-jaa-thaa-lǎng-kon-nùad
Seife	sabùu
Slipeinlagen	phâa-anaamai
Sonnencreme/-öl	jaa-thaa-kan-dä̀äd
Spiegel	kradschòk

Spülbürste	prääng-sămràb-láang
Spülmittel	náam-jaa-láang-dschaan
Spültuch	phâa-láang-dschaan
Tampons	phâa-anaamai-schaníd-sɔ̀ɔd
Toilettenpapier	kràdàat-schamrá
Waschlappen	phâa-thŭu-tua
Waschmittel	sabùu-sák-phâa
Watte	sămlii
Wattestäbchen	sămlii-phan-kâan
Wimperntusche	maasakhaaraa
Zahnbürste	präăng-sĭi-fan
Zahnpasta	jaa-sĭi-fan

Elektroartikel ➢ auch Fotoartikel, unten, und Schallplatten und CDs, S. 136

Adapter	mɔ̂ɔ-plääng-fai
Batterie	bäät-töö-rîi
Föhn	khrûang-pào-phŏm-lom-ùn
Gameboy®	keem-kòd
Glühbirne	lɔ̂ɔd-fai
Ladegerät	khrûang-schaad-bäät
Stecker	hŭa-plák
Taschenrechner	khrûang-khíd-lêek
Verlängerungsschnur	tɔ̂ɔ-săai-fai
Wecker	naalikaa-plùk

Elektro- oder Fotoartikel sind in Thailand eher teuer. Die Entwicklung der Urlaubsfilme sollte man den schnell arbeitenden Fotolabors dennoch getrost anvertrauen, bevor die Hitze die glücklich eingefangenen Farben verblassen lässt.

Fotoartikel ➢ Filmen und Fotografieren, S. 153

Ich möchte ...	**phŏm khɔ̆ɔ sŭu ...**
einen Film für diesen Fotoapparat.	**fiim nùng múan sămràb klɔ̂ɔng níi**
einen Farbfilm (für Dias).	**fiim sĭi salái nùng múan**
einen Film mit 36/20/12 Aufnahmen.	**fiim nùng múan thîi mii săam-sìb-hòk/jîi-sìb/sìb-sɔ̆ɔng rûup**

... funktioniert nicht.	**... mâi tham ngaan**
Das ist kaputt.	**nîi mâi tham ngaan**
Können Sie es bitte reparieren?	**khun schûai sɔ̌ɔm klɔ̂ɔng nîi hâi nɔ́ɔi dâi mǎi**

Auslöser	**pùm**
Belichtungsmesser	**khrûang-wád-sǎäng-thîi-schái-nai-kaan-thàai-rûup**
Blitzgerät	**khrûang-flâät**
Camcorder	**háändîi-khàäm**
Filmempfindlichkeit	**fiim-wai-sǎäng**
Linse	**len**
Objektiv	**súum**
Schwarzweiß-Film	**fiim khǎao-dam**
Selbstauslöser	**kai-àtanomát**
Stativ	**sǎam-khǎa**
Sucher	**kradschòk-hǎa-phàap**
Teleobjektiv	**len-pràb-rájá-schaphɔ́**
Unterwasserkamera	**klɔ̂ɔng-dam-náam**
Videofilm	**nǎng-wiidiio**
Videokamera	**klɔ̂ɔng-tháai-wiidiio**
Videokassette	**múan-thêep-wiidiio**
Videorekorder	**khrûang-wiidiio**

Frisör

Der Experimentierfreudige sollte unbedingt einmal zum Frisör gehen! Es ist durchaus nicht ungewöhnlich, wenn beim Haarewaschen und -schneiden Kopf, Hände und Füße feinfühlig massiert werden. Auch Maniküre gehört oft zum Service. Nicht erschrecken! Bei der Kopfwäsche ist das Reinigen der Ohren mit eingeschlossen.

Waschen und föhnen, bitte.	**khɔ̌ɔ sà lá pào**
Schneiden mit Waschen, bitte.	**khɔ̌ɔ tàd phǒm lá sà phǒm dûai**
Ich möchte ...	**phǒm tɔ̂ng-kaan ...**
Nur die Spitzen.	**lem schapɔ́ plaai phǒm**
Nicht zu kurz.	**jàa tàd hâi sân köön pai**
Ganz kurz.	**tàd hâi sân mâak**
Etwas kürzer.	**tàd hâi sân ìik nɔ́ɔi**

Die Ohren sollen frei sein/bedeckt bleiben.	**karunaa tàd phǒm bầäb pồöd/pìd hǔu**
Rasieren, bitte.	**khɔ̌ɔ kon nùad**
Stutzen Sie mir bitte den Bart.	**khɔ̌ɔ schûai khlìb khrao**
Vielen Dank.	**khɔ̀ɔb khun**
So ist es gut.	**sǔai dii lǽäo**

Bart	khrao
blond	sǐi thɔɔng phǒm
Dauerwelle	dàd-phǒm
färben	jɔ́ɔm sǐi
föhnen	pào phǒm
frisieren	tầäng phǒm
Frisur	song-phǒm
Haar	phǒm
fettiges Haar	phǒm man
trockenes Haar	phǒm hâäng
Haarteil	wìk-phǒm-schapɔ́-thîi
kämmen	wǐi
Koteletten	dschɔɔn
legen	sét phǒm
Locken	lɔɔn-phǒm
Lockenwickler	kaan-múan-phǒm
Perücke	phǒm-plɔɔm
Pony	phǒm-máa
Scheitel	bầäng-phǒm
Schnurrbart	nùad
Schuppen	khîi-rang-khää
Shampoo	jaa-sà-phǒm/schämphuu
Stufenschnitt	tàd-hâi-thui
tönen	tầäng sǐi

Haushaltswaren

Abfallbeutel	thǔng-khajà
Alufolie	kradàat-aluu-mi-niiam
Brennspiritus	äänkhɔɔhɔɔn-lěeo
Dosenöffner	thîi-pồöd-krapǒng
Ess-Stäbchen	takìiab
Flaschenöffner	thîi-pồöd-khùad
Frischhaltefolie	phláa-satìk-hɔ̀ɔ-aahǎan
Glas	kâäo

Grill	takrääng
Grillanzünder	náam-man-kad-khǎng
Grillkohle	thaan
Kerzen	thiian
Korkenzieher	thîi-pö̀öd-dschùk-khùad
Kühlelement	kratìk-kèb-khwaam-jen
Kühltasche	krapǎo-kèb-khwaam-jen
Papierservietten	kradàat-schéd-pàak
Petroleum	náam-man-pitrolîiam
Plastikbeutel	thǔng
Taschenmesser	mîid-pháb
Thermosflasche	kratìk-náam-rɔ́ɔn
Wäscheklammern	mái-niib-phâa
Wäscheleine	raao-tàak-phâa
Wok	taa-schâng

Oft unbeachtet, aber ein Geheimtipp für Freunde der thailändischen Küche: Hier gibt es wirklich den Original-Wok oder überaus praktische Reiskocher für wenig Geld – und alles, was dazu gehört.

Verkaufsboote auf den Klongs von Bangkok

Lebensmittel

Außer der gewöhnungsbedürftig scharfen oder unglaublich süßen Küche sollte man unbedingt die einheimischen Früchte probieren. Am bekanntesten ist die im Frühjahr wachsende Mango **(mamûang)**, die meist mit Klebereis **(khâao-nǐiao)** gereicht wird. Im Sommer lockt die rot-grün stachelige Litschi-ähnliche Rambutan **(lûuk-ngó)**. Die Königin der Früchte, auch Stinkfrucht genannt, ist die als besondere Delikatesse geltende Durian-Frucht **(thúrian)**, die vor allem im Frühsommer erhältlich ist. Für die eher Ängstlichen, die weder die köstliche Mangosteen **(mang-khút)**, die frisch-süße Longane **(lam-jai)**, den gefährlich aussehenden Zimtapfel **(nɔ́ɔi-nàa)** noch die Jackbaumfrucht **(khanǔn)** probieren möchten, seien zumindest die unzähligen, oft nicht süßen Bananensorten **(klûai-hɔ̌ɔm)** und die unglaublich frischen Ananas **(sàparód)** empfohlen.

Was darf es sein?	**khun tɔ̂ng-kaan arai**
Geben Sie mir bitte ...	**khɔ̌ɔ hâi phǒm ...**
ein Kilo ...	**... nùng kìloo**
10 Scheiben ...	**... sìb schín**
ein Stück von ...	**... nùng an**
eine Packung ...	**... nùng hɔ̀ɔ**
ein Glas ...	**... nùng kâäo**
eine Dose ...	**... krapɔ̌ɔng**
eine Flasche ...	**... nùng khùad**
eine Einkaufstüte.	**thǔng nùng thîi**
Darf es auch etwas mehr sein?	**mâak kwàa thîi kamnòd dâi mǎi**
Dürfte ich vielleicht etwas hiervon probieren?	**khɔ̌ɔ lɔɔng kɔ̀ɔn aahǎan níi dâi mǎi**
Danke, das ist alles.	**khɔ̀ɔb khun phɔɔ láäo**

Obst — phǒnlamáai

frisch	sòd
gespritzt	schìid-jaa-khâa-malääng
Ananas	sàparód

Äpfel	ắpôn
Bananen	klûai-hɔ̌ɔm
Birnen	phǒn-phää
Datteln	phǒn-inthá-phàlǎm
Durian	thúrian
Erdbeeren	satrɔɔ-böörîi
Feigen	madǜa
Granatapfel	tháb-thim
Guave	faràng
Jackbaumfrucht	khanǔn
Kirschen	schöörii
Kürbis	fák-thɔɔng
Limone	manaao
Litschi	líndschìi
Longan	lam-jai
Mandarinen	sôm-khǐiao-wǎan
Mango	mamûang
Mangosteen	mang-khút
Obst	phǒnlamáai
Papaya	malakɔɔ
Pfirsiche	lûuk-thɔ́ɔ
Pflaumen	phǒn-phlam
Pomelo	sôm-oo
Rambutan	lûuk-ngó
Rosenapfel	schompûu
Sapodilla	lámúd
Sternfrucht	máfüang
Wassermelone	täng-moo
Weintrauben	a-ngùn
Zimtapfel	nɔ́ɔi-nàa
Zitronen	manaao
Zuckerrohr	ɔ̂ɔi

Gemüse — phàk

Artischocken	hǔa-phàk-kàad-lǚüang
Auberginen	makhǚa-jaao
Bambus	nɔɔ-maai
Blumenkohl	tôn-kalàm-dɔ̀ɔk
Bohnen	thùa
grüne Bohnen	thùa sǐi khǐiao
weiße Bohnen	thùa sǐi khǎao
Brokkoli	phàk-khánáa
Champignons	hèd-khon
Chinakohl	phàk-kàad-khǎao
Erbsen	thùa-lantao
Gemüse	phàk
Gurke	tääng-khwaa

Ingwer	khing
Karotten	hǔa-phàk-kàad-dääng
Kartoffeln	man-faràng
Knoblauch	krathiiam
Kohl	kalam-plii
Kürbis	fák-thɔɔng
Lauch	ton-hɔ̌ɔm
Mais	khâao-phôd
Oliven	phǒn-makɔ̀ɔk
Paprikaschote	phrík-jùak
Petersilie	phàk-schii-faràng
Pilze	hèd
Salat	salàd
Kopfsalat	bai-phàk-kàad-hɔ̌ɔm
Sellerie	phàk-khûn-schâai
Sojasprossen	thùa-ngɔɔk
Spargel	nɔ̀ɔ-máai-faràng
Spinat	phàk-khǒm
Tamarinde	mákhǎam
Tomaten	makhǔa-thêet
Zwiebeln	hǔa-hɔ̌ɔm

Backwaren, Süßwaren ... — khanǒm-pang, khɔ̌ɔng-wǎan ...

Bonbons	khään-díi
Brot	khanǒm-pang
Knäckebrot	khanǒm-pang-krɔ̀ɔb
Schwarzbrot	khanǒm-pang-dam
Weißbrot	khanǒm-pang-khǎao
Brötchen	khanǒm-pang-kɔ̂ɔn-lék
Eis *(Speise~)*	aisakríim
Gebäck	khanǒm-tàang-tàang
Haferflocken	khâao-ók-klèd
Hörnchen	khruasɔɔng
Kekse	khanǒm-pang-krɔ̀ɔb
Kuchen	khanǒm-khék
Lakritze	scha-eem
Marmelade	jääm
Müsli	musalíi
Pralinen	schɔ́ɔk-kolét-sài-sâi
Schokolade	schɔ́ɔk-kolét
Süßigkeiten	khɔ̌ɔng-wǎan
Toast	khanǒm-pang-phǎn

Eier und Milchprodukte	khài lʉ́ aahǎan tham dschàak nom
Butter	nööi
Eier	khài
Joghurt	nom-prîiao
Käse	nööi-khǎng
Milch	nom
Quark	nööi-khǎng-sòd
Sahne	hǔa-náam-nom
saure Sahne	hǔa-náam-nom prîiao
Schlagsahne	kríim

Fleisch und Wurstwaren	nʉ́a lʉ́ sâi-krɔ̀ɔk
Aufschnitt	sâi-krɔ̀ɔk-phǎän
Fleisch	nʉ́a
Hackfleisch	nʉ́a-sàb
Hähnchen	kài
Hammelfleisch	nʉ́a-kȁ
Kalbfleisch	nʉ́a-lûuk-wua
Kaninchen	krà-tàai
Lammfleisch	nʉ́a-lûuk-kȁ
Rindfleisch	nʉ́a
Salami	sâi-krɔ̀ɔk-saalaamii
Schinken	mǔu-häm
gekochter Schinken	mǔu-häm tôm
roher Schinken	mǔu-häm dìb
Schweinefleisch	nʉ́a-mǔu
Wurst	sâi-krɔ̀ɔk
Würstchen	sâi-krɔ̀ɔk-lék

Fisch und Meeresfrüchte	plaa lʉ́ aahǎan-thalee
Aal	plaa-lǎi
Austern	hɔ̌ɔi-naang-rom
Barsch	plaa-sǔa-thalee-sàap
Fisch	plaa
Garnelen	kûng
Haifisch	plaa-schalǎam

Krabben	kûng-jài
Makrele	plaa-oo
Miesmuscheln	hɔ̌ɔi-malääng
Muscheln	hɔ̌ɔi
Sardellen	plaa-anschowii
Sardinen	plaa-saadin
Seezunge	plaa-lín-mǎa
Thunfisch	plaa-thuunâa
Tintenfisch	plaa-mùk

Gewürze und Kräuter — khrûang-thêet lá samǔn-phrai

Basilikum	bai-horaphâa
Chili	phrík
Chilipulver	phrík phǒng
Chilisoße	náam-phrík
Currypulver	karìi
Koriander	phàk-schii
Kräuter	samǔn-phrai
Paprika	phrík-jùak
Petersilie	phàk-schii-faràng
Pfeffer	phrík-thai
Safran	jâa-fáràn

Dies und das — lǎai lǎai jàang

Cashewnüsse	méd-mamûang
Erdnüsse	thùa-lisǒng
Essig	náam-sôm
Fischsosse	náam-plaa
Honig	náam-phûng
Kastanien	lûuk-kao-lád
Kokosnuss	maphráao
Kokossahne	katii
Konserven	aahǎan-krapǒng
Mandeln	lûuk-äälmɔɔn
Margarine	nööi-thiiam
Mehl	pâäng
Nudeln	kǔaitiao
Nüsse	phǒnlamáai-hâäng-plùak-khǎäng
Öl	náam-man
Olivenöl	náam-man-makɔ̀ɔk
Reis	khâao
Salz	klüa
Senf	mádsatàad
Spaghetti	sapaaketîi
Suppe	súb
Zucker	náam-taan

Getränke — khrûäng-düüm

Bier	bia
alkoholfreies Bier	bia mâi sài äänkhɔɔhɔɔn
Champagner	schäämpeen
Kaffee	kaafää
Limonade	náam-manaao
Mineralwasser	náam-râä
Orangensaft	náam-sôm
Tee	schaa
Wein	wain
Rosé(wein)	wain schomphuu
Rotwein	wain dääng
Weißwein	wain khǎao

Mode ➢ auch Farben, S. 26

Kleidung

Nicht nur Herren nutzen gerne die Gelegenheit, sich in einem der unzähligen indischen Tailor-Shops für wenig Geld einen Anzug nach Maß schneidern zu lassen. Aber Vorsicht! Vor allem bei 24-Stunden-Angeboten. Auch die Qualität der Stoffe sollte man selber prüfen. Es ist nicht alles Seide, was glänzt! Bei sorgfältiger Auswahl (nicht gleich den ersten Schneider wählen!) kann man gute Schnäppchen machen.

Bitte zeigen Sie mir ...	**khɔ̌ɔ duu ... nɔ́ɔi**
Kann ich es anprobieren?	**phǒm lɔɔng sài duu dâi mǎi**
Welche (Konfektions-)Größe haben Sie?	**khun sài khanàad arai**
Das ist mir zu ...	**man ... köön pai**
eng/weit.	**kháb/lǔam**
kurz/lang.	**sân/jaao**
klein/groß.	**lék/jài**
Das passt gut.	**man khâo-kan dâi dii**
Ich nehme es.	**phǒm lûak schín níi**
Das ist nicht ganz, was ich möchte.	**man mâi thùuk-dschai schín thâo thîi khuan**

Anzug	**sùut**
Ärmel	**khǎän-sûüa**
Badeanzug	**schúd-wâai-náam**
Badehose	**kaang-keeng-wâai-náam**
Bademantel	**sûüa-klum-àab-náam**
Baumwolle	**phâa-fâai**
Bikini	**bikinîi**
Blazer	**sûüa-nɔ̂ɔk**
Bluse	**sûüa**
Body	**bodii-sùut**
Büstenhalter	**jók-song**
Fliege	**hǔu-kratàai**
Halstuch	**phâa-phan-khɔɔ**
Handschuhe	**thǔng-müü**
Hemd	**sûüa-schőöt**
Hose	**kaang-keeng**

Hut	mùak
Sonnenhut	mùak-kan-dàäd
Jacke	sûüa-dschäkêt
Jeans	kaang-keeng-jiin
Jogginganzug	schúd-wɔɔm
Jogginghose	kaang-keeng-wɔɔm
Kleid	sûüa
Kostüm	sûüa-sùut-satrii
Krawatte	nékthai
Leinen	phâa línin
Mantel	sûüa-khlum
Mütze	mùak-käb
Pullover	sûüa-năao
Regenmantel	sûüa-fŏn
Rock	kraprong
Schal	phâa-phan-khɔɔ
Schirm	rôm
Seide	phâa măi
Seidenstrümpfe	thŭng-tháo tham dschàak phâa măi
Seidenstrumpfhose	thŭng-nɔ̂ɔng-măi
Shorts	kaang-keeng-khăa-sân
Slip	salíp
Socken	thŭng-tháo
Strickjacke	sûüa-măi-phrom
Strümpfe	thŭng-tháo
Strumpfhose	thŭng-nɔ̂ɔng
T-Shirt	sûüa-jùüd
Unterhemd	sûüa-klâam
Unterhose	kaang-keeng-nai
Unterwäsche	sûüa-năi
Weste	sûüa-kák
Wolle	phâa khŏn-kä

Reinigung

Ich möchte diese Sachen reinigen/waschen lassen.	**khɔ̌ɔ sák-hâäng/sák an níi hâi phŏm nɔ́ɔi**
Wann sind sie fertig?	**dschà sèt mûarai**

bügeln	rîid phâa
chemisch reinigen	sák-hâäng

Optiker

Würden Sie mir bitte diese Brille / das Gestell reparieren?	**khɔ̌ɔ sɔ̂ɔm wâän-taa/khɔ̂ɔb wâän-taa níi hâi nɔ́ɔi dâi mǎi**
Ich bin kurzsichtig/weitsichtig.	**taa sân/mɔɔng hěn kaan klai**
Wie ist Ihre Sehstärke?	**sǎai-taa khun jùu radàb nǎi**
rechts ..., links ...	**khâang khwaǎ ... khâang sáai ...**
Wann wird die Brille fertig sein?	**khun dschà tham wâän-taa hâi sèt mûarai**
Ich brauche ...	**phǒm dscham-pen ...**
Aufbewahrungslösung	**náam-jaa-schâä-khɔɔn-thàäk-len**
Reinigungslösung	**náam-jaa-láang-khɔɔn-thàäk-len**
für harte/weiche Kontaktlinsen.	**sǎmràb khɔɔn-thàäk-len jàang khǎng/ɔ̀ɔn**
Ich suche ...	**phǒm kamlang hǎa ...**
eine Sonnenbrille.	**wâän-taa-kan-dàäd**
ein Fernglas.	**klɔ̂ɔng-sɔ̌ɔng-taa**

Schallplatten und CDs ➢ Elektroartikel S. 124, und Konzert S. 117

Haben Sie CDs / Kassetten von ...?	**khun mii sii-dii/thép khɔ̌ng ... mǎi**
Ich hätte gern eine CD mit typisch thailändischer Musik.	**phǒm khɔ̌ɔ mii sii-dii kàb dontrii thai dûai**
Kann ich hier kurz reinhören?	**dâi fang nîi níd-nɔ̀ɔi dâi mǎi**

CD/Compactdisc	sii-dii/khɔɔm-phääk-diik
CD-Spieler	khrûang-sii-dii
tragbarer CD-Spieler	sabaao-sii-dii
Kassette	talàb-thép
Kassettenrekorder	thép-banthúk-sǐang

Kopfhörer	hǔu-fang
Lautsprecher	khrûang-khajǎai-sǐiang
Schallplatte	phä̀än-sǐiang
Walkman®	wɔɔk-mään

Schuhe und Lederwaren

Ich möchte ein Paar Schuhe.	**phǒm khɔ̌ɔ sʉ́ʉ rɔɔng-tháo nʉ̀ng khûu**
Ich habe Schuhgröße ...	**khanàad phǒm khüü ...**
Sie drücken mich.	**man bìib kàd**
Sie sind zu weit.	**man lǔam köön pai**

Badeschuhe	fɔɔng-náam
Gummistiefel	rɔɔng-tháo-sǔung-jaang
Gürtel	khěm-khàd
Handtasche	krapǎo-thǚü
Koffer	krapǎo-döön-thaang
Lederhose	kaang-keeng-nǎng
Lederjacke	dschäket-nǎng
Ledermantel	owôö-khôt-nǎng
Reisetasche	krapǎo-döön-thaang
Rucksack	khrûang-lǎng
Sandalen	rɔɔng-tháo-tä̀
Schnürsenkel	schûak-phùuk-rɔɔng-tháo
Schuhe	rɔɔng-tháo
Schuhbürste	prääng-khàd-rɔɔng-tháo
Schuhcreme	jaa-khàd-rɔɔng-tháo
Sohle	fàa-tháo
Stiefel	rɔɔng-tháo-sǔung
Strandschuhe	rɔɔng-tháo-tä̀
Tasche	krapǎo
Turnschuhe	rɔɔng-tháo-kiilaa
Umhängetasche	jâam

Souvenirs

Beim Kauf von Souvenirs aus Elfenbein, ausgestopften Tieren etc. sollte man an das Washingtoner Artenschutzabkommen denken.
In Thailand ist der Handel mit Antiquitäten verboten. Der Export ist nur mit Erlaubnis des Departments of Fine Arts möglich. Buddhastatuen und -abbildungen dürfen nur von gläubigen Buddhisten exportiert werden.

Ich möchte ...	**phǒm jàak mii ...**
ein hübsches Andenken.	**khɔ̌ɔng-thîi-rálʉ̌k sǔai**
etwas Typisches aus dieser Gegend.	**arai dschàak tambon nîi**
Wie viel wollen Sie ausgeben?	**khun dschà dschàai dâi rakhaa thâorai**
Ich möchte etwas nicht zu Teures.	**phǒm tɔ̂ng-kaan arai thîi mâi phääng**
Das ist aber hübsch.	**nîi sǔai ná**
Danke schön, ich habe nichts gefunden, das mir gefällt.	**khɔ̀ɔb khun tâä phǒm mâi ao arai**

Amulett — **khrʉ̂ang-raang**
echt — **thʉ̂ä**
Flechtwaren — **khrʉ̂ang-dschàksaan**

Folkloreladen	ráan-khǎai-khɔ̌ɔng-thɔ́ɔng-thîn
handgemacht	tham-dûai-müü
Keramik	seeraamik
Kupfer	thɔɔng-däng
Lackwaren	kaan-khǒön
Messing	thɔɔng-lǚüang
Mitbringsel	khɔ̌ɔng-thîi-tìd-müü-pai-dûai
Möbel	khrûang-rüüan
Musikinstrument	khrûang-dontrii
Perlmutt	hɔ̌ɔi-múk
regionale Produkte/ Spezialitäten	khɔ̌ɔng-dschàak-tambon
Schmuck	khrûang-phét-phlɔɔi
Schnitzerei	khɔ̌ɔng-kä-salàk-mái
Stein	hǐn
Talisman	khrûang-raang
Töpferwaren	khrûang-pân-din-phǎo

Tabakwaren

Ein Päckchen ..., bitte.	khɔ̌ɔ hâi ... nùng hɔ̌ɔ
Eine Stange ..., bitte.	khɔ̌ɔ hâi ... nùng hìib
... mit Filter	... mii krɔɔng
... ohne Filter	... mâi mii krɔɔng
Zehn Zigarren/Zigarillos, bitte.	khɔ̌ɔ bùrìi-síkâa/bùrìi-síkâa lék sìb muan
Eine Dose ..., bitte.	khɔ̌ɔ hâi ... nùng krapɔ̌ɔng
... Zigarettentabak	... jaa sùub bùrìi ...
... Pfeifentabak	... jaa sùub klɔ̂ɔng ...
Eine Schachtel Streichhölzer/Ein Feuerzeug, bitte.	klɔ̂ɔng mái-khìid-fai/fai-schǽk nùng an

Uhren und Schmuck

Trotz internationaler Abkommen und strikter Verbote können auf den Straßen „Rolex“-, „Cartier“- oder „Gucci“-Uhren als Kopien erworben werden. Die Qualität entspricht allenfalls dem (ausgehandelten) Preis. Auch bei den Juwelieren gibt es leider „schwarze Schafe“, wo man „günstig“ bayerische Zirkone als „Diamanten“ kaufen kann. Edelsteine kann man bei der „Jewellers Association“ zuverlässig schätzen lassen.

Anhänger	thîi-hɔ̂ɔi-lɔ́t-két
Armband	kamlai-müü
Armbanduhr	naalikaa-khɔ̂ɔ-müü
Brosche	khĕm-klàd-nâa-ɔ̀ɔk-jĭng
Gold	thɔɔng
Jade	jòk
Kette	săai-sɔ̂ɔi
Koralle	pakaarang
Kristall	phlȕk
Modeschmuck	khrȗang-pradàb-thiiam
Ohrringe	tȁäng-hŭu
Perle	khài-múk
Platin	thɔɔng-kham-khăao
Ring	wȃän
Schmuck	khrȗang-phét-phlɔɔi
Silber	ngön
Smaragd	morakòt

Gesundheit

Etwas gegen ...
Die Thai wenden sich bei kleineren Beschwerden meist direkt an den Apotheker, der hier noch „echte" Beratung leistet. Die Mittel helfen meist. Was drin ist, ist meist ein gutgehütetes Geheimnis.
Daneben verfügt Bangkok über hervorragende Krankenhäuser mit sehr gut ausgebildeten Ärzten. Die Arznei wird einem gleich – individuell handabgefüllt – mitgegeben. Statt Thai sollte man hier lieber Englisch sprechen!

In der Apotheke

Wo ist die nächste Apotheke?	**ráan-khăai-jaa thîi klâi thîi-sùd jùu thîi-năi**
Ist die Apotheke nachts geöffnet?	**ráan-khăai-jaa pòöd tɔɔn klaang khüün măi**
Geben Sie mir bitte etwas gegen ...	**khɔ̆ɔ sŭü jaa ... hâi phŏm nɔ́ɔi**

➢ **auch Arztbesuch, S. 144**

Abführmittel	jaa-rabaai-thɔ́ɔng
Antibabypille	jaa-khum-kamnööd
Antibiotikum	jaa-khâa-bàäkathiiria
Aspirin	áäsaphairin
Augentropfen	jaa-jɔ̀ɔd-taa
Beruhigungsmittel	jaa-rángáb-pràsàat
Binde	phâa-phan-phlăä
Brandsalbe	jaa-thaa-phlăä-fai-lŭak
Desinfektionsmittel	jaa-khâa-schŭa-rôk
Fieberthermometer	prɔ̀ɔt
Halstabletten	jaa-méd-kâä-dschèb-khɔɔ
Hustensaft	náam-jaa-kâä-ai
Insektenmittel	jaa-kâä-phít-malăäng-tɔ̀ɔi
Insulin	hɔɔ-mon-schaníd-nüng-dschàak-klùm-nŭa-khɔ̆ɔng-tab-ɔ̀ɔn
Jod(tinktur)	thing-dschöö
Kamillentee	náam-schaa-rabaai-khăi
Kondom	thŭng-jaang-miischaai
Kopfschmerztabletten	jaa-kâä-pùad-hŭa
Kreislaufmittel	jaa-schûai-hâi-rábòb-mŭnwiian-lohìt-tham-ngaan-taam-pòkatì
Magenmittel	jaa-kâä-rôk-kràphɔ́
Medikament	jaa
Mittel (gegen ...)	jaa-kâä-...
Mullbinde	phâa-pròng
Ohrentropfen	náam-jaa-kâä-dschèb-hŭu

Pflaster	phlástôö
Puder	phŏng
Rezept	bai-sèt-rűü-khɔ̆ɔng
Salbe	khriim-jaa
Schlaftabletten	jaa-nɔɔn-làb
Schmerztabletten	jaa-kâä-pùad
Sonnenbrand	kriiam-dầäd
Tablette	méd
Traubenzucker	náam-taan-schaníd-nừng
Tropfen	jòd
Watte	fâai
Zäpfchen	jaa-nèb-thawaan-rűü-schɔ̂ɔng-khlɔ̂ɔd

Beipackzettel — sùan-prakɔ̀ɔb

sùan-prakhɔ̂ɔb	Zusammensetzung
khɔ̂ɔ-bòng-schái	Anwendungsgebiete
khɔ̂ɔ-hâam-schái	Gegenanzeigen
aa-kaan-khâang-khiiang	Nebenwirkungen
kham-nắnam-hâi-jaa	**Dosierungsanleitung:**
kin ... khráng-diiao/ lăai khráng thúk wan	1 x/mehrmals täglich ... einnehmen
nừng méd	1 Tablette
jîi-sìb jòd	20 Tropfen
kɔ̀ɔn aahăan	vor dem Essen
lăng aahăan	nach dem Essen
ráb-prathàan tɔɔn thɔ́ɔng wâang	auf nüchternen Magen
kin kàb náam mái khĺlao	unzerkaut mit etwas Flüssigkeit einnehmen
lálaai nai náam	in etwas Wasser auflösen
ɔɔm hâi lálaai nai pàak	im Mund zergehen lassen
thaa jaa níd-nɔ̀ɔi bon phĭu-năng	dünn auf die Haut auftragen und einreiben
dèk-ɔ̀ɔn	Säuglinge
dèk (thűng aajú ... pii)	Kleinkinder (bis zu ... Jahren)
dèk-roong-riian	Schulkinder
wai-rûn	Jugendliche
phûu-jài	Erwachsene

Arztbesuch ➢ auch Reisen mit Kindern, S. XXX

Können Sie mir einen guten ... empfehlen?	**khun nắnam mɔ̌ɔ thîi dii hâi phǒm dâi mǎi**
Arzt	**mɔ̌ɔ**
Augenarzt	**mɔ̌ɔ-taa**
Frauenarzt	**mɔ̌ɔ-ráksǎa-rôk-schaphɔ́-satrii**
Hals-Nasen-Ohren-Arzt	**mɔ̌ɔ-ráksǎa-rôk-hǔu-khɔɔ-dschamùuk**
Hautarzt	**mɔ̌ɔ-ráksǎa-rôk-phǐu-nǎng**
Kinderarzt	**mɔ̌ɔ-dèk**
Praktischen Arzt	**mɔ̌ɔ-thamadaa**
Urologen	**pàd-saa-wá**
Zahnarzt	**mɔ̌ɔ-fan**
Wo ist seine Praxis?	**ráan-mɔ̌ɔ jùu thîi-nǎi**

Beschwerden

Was für Beschwerden haben Sie?	**khun mii panhǎa arai**
Ich habe Fieber.	**phǒm mii khâi**
Mir ist oft schlecht/schwindelig.	**phǒm mâi sabaai/nâa-wiian-hǔa bɔ̀ɔi-bɔ̀ɔi**
Ich bin ohnmächtig geworden.	**phǒm dâi pen-lom**
Ich bin stark erkältet.	**phǒm pen wàd mâak**
Ich habe Kopfschmerzen.	**phǒm pùad hǔa**
Ich habe Halsschmerzen.	**phǒm dschèb-khɔɔ**
Ich habe Husten.	**phǒm ai**
Ich bin von einem Skorpion/einer Biene gestochen worden.	**phǒm thùuk malääng pɔ̀ng/phûng tɔ̀ɔi**
Ich bin von einem Hund/einer Schlange gebissen worden.	**phǒm thùuk mǎa/nguu kàd**
Ich habe mir den Magen verdorben.	**thɔ́ɔng phǒm sǐia**

Ich habe Durchfall/ Verstopfung.	**phŏm thɔ́ɔng-döön/thɔ́ɔng-phùuk**
Ich vertrage das Essen/die Hitze nicht.	**phŏm mâi thùuk kàb aahăan/aakàat rɔ́ɔn**
Ich habe mich verletzt.	**phŏm bàad-dschèb**
Ich bin gestürzt.	**phŏm tòk lǘäo**
Können Sie mir bitte etwas gegen ... geben/verschreiben?	**khun dschà hâi jaa .../khǐian bai-sàng-jaa ... dâi rǚü plàao**
Normalerweise nehme ich ...	**doi pòkatì phŏm kin ...**
Ich habe einen hohen/ niedrigen Blutdruck.	**khwaam-dan-khɔ̌ɔng-lohìt sŭung/tàm**
Ich bin Diabetiker/in.	**phŏm pen rôk bao-wăan**
Ich bin schwanger.	**phŏm mii khan**
Ich hatte vor kurzem ...	**phŏm mii aakaan ... mûa reo-reo níi**

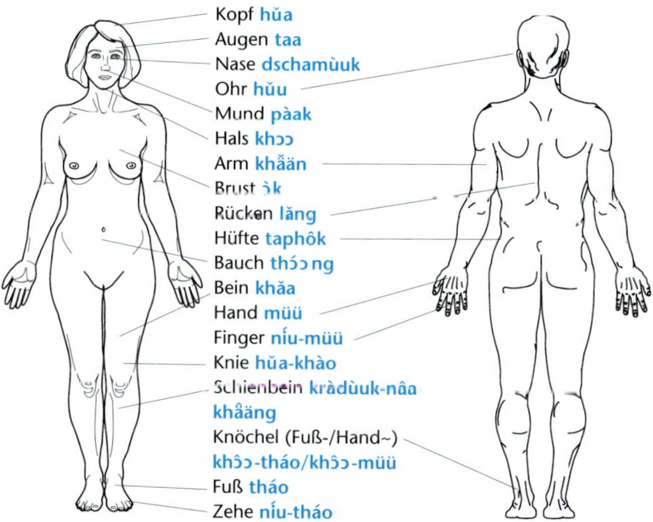

Untersuchung

Wo tut es weh?	**dschèb thîi-năi**
Ich habe hier Schmerzen.	**phŏm dschèb jùu trong-níi**
Bitte, machen Sie sich frei.	**khɔ̆ɔ thɔɔd sûüa**
Bitte tief einatmen. Atem anhalten.	**karunaa sùud lom hăai-dschai lúk-lúk láäo klân lom hăai-dschai wái sàk khrûu**
Sie müssen geröntgt werden.	**phŏm tɔ̂ng tham phàap èksaree**
Ich brauche eine Blut-/Urinprobe.	**phŏm tɔ̂ng trùat lûad/pàd-saa-wá**
Sie brauchen ein paar Tage Bettruhe.	**khun tɔ̂ng nɔɔn phák pen weelaa lăai-lăai wan**
Es ist nichts Ernstes.	**rôk níi mâi pen arai ráai-rääng**
Haben Sie einen Impfschein?	**khun mii bai-ráb-rɔɔng-kaan-hâi-schìid-jaa măi**
Ich bin gegen ... geimpft.	**phŏm schìid-jaa pɔ̂ɔng kan ... láäo**

Im Krankenhaus

Wie lange muss ich hier bleiben?	**phŏm tɔ̂ng jùu thîi-níi weelaa naan thâorai**
Ich kann nicht einschlafen.	**phŏm nɔɔn làb mâi dâi**
Geben Sie mir bitte ...	**khɔ̆ɔ hâi ... phŏm dâi măi**
eine Schmerztablette.	**jaa-kâä-pùad**
eine Schlaftablette.	**jaa-nɔɔn-làb**
Wann darf ich aufstehen?	**phŏm dschà dâi ráb ànú-jâat hâi lúk khûn dâi mûarai**

Krankheiten und Beschwerden

Abszess	**phĭi**
Aids	**èd**
Allergie	**rôk-phuum-pháä**
allergisch sein gegen ...	**pen phuum-pháä**
Angina	**lɔ̀ɔd-lom-àk-sèeb**
ansteckend	**tìd-tɔ̀ɔ**
Appetitlosigkeit	**aakaan-mâi-jàak-aahăan**
Asthma	**rôk-hùüd**
Atembeschwerden	**hăai-dschai-khàd**

Ausschlag	phùün-khan
Bänderriss	èn-khɔ̂ɔ-tɔ̀ɔ-khàad
Blähungen	thɔ́ɔng-ùüd-fö́ö
Blinddarmentzündung	sâi-tìng-àksèeb
Blutung	kaan-lüad-ɔ̀ɔk
Blutvergiftung	lohìt pen phít
Brechreiz	khwaam-rúu-sùük-khlûün-sâi
Bronchitis	lɔ̀ɔd-lom-àksèeb
Bruch	kràdùuk hàk
Cholera	ahìwaa
Diabetes	rôk-bao-wǎan
Diphtherie	rôk-khɔɔ-tìib
Durchfall	thɔ́ɔng-döön
Entzündung	àksèeb
Erkältung	kaan-pen-wàd
Fehlgeburt	kaan-thä́äng
Fieber	khâi
gebrochen	tàäk-lä́äo
Gehirnerschütterung	samɔ̌ɔng-dâi-ráb-khwaam-kràthób-kràthüan
Gehirnschlag	lom-amaphâat-thîi-samɔ̌ɔng
Gelbsucht	rôk-dii-sâan
Geschlechtskrankheit	kaamarôk
geschwollen	khajǎai-jài
Geschwulst	nǘa-ngɔ̂ɔk
Geschwür	phǐi-nɔ̌ɔng
Grippe	khâi-wàd-jài
Halsschmerzen	dschèb-khɔɔ
Hämorriden	ríd-sǐi-duang-thawaan
heiser sein	mii sǐiang hàäb
Herzanfall	hǔa-dschai-waai
Herzbeschwerden	rôk-hǔa-dschai
Herzinfarkt	sên-lûad-nai-hǔa-dschai-tìib
Heuschnupfen	dschaam-nûang-dschàak-phuum-phä́ä
Hexenschuss	aakaan-pùad-iuu
Infektion	kaan-tìd-schǘa
Keuchhusten	khâi-ai-kron
Kinderlähmung	rôk-amaphâat-dèk
Kolik	rôk-dschùk-sǐiad
Kopfschmerzen	pùad-hǔa
Krätze	rôk-hìd
Krampf	pùad-kreng
Krankheit	rôk
Krebs	rôk-máreng
Kreislaufstörung	rábòb-mǔnwiian-lohìt-khàd-khɔ̌ng
Lähmung	amaphâat
Lebensmittelvergiftung	aahǎan-pen-phít
Leistenbruch	klâam-nǘa-thɔ́ɔng-khàad

Lungenentzündung	pɔ̀ɔd-àksèeb
Magenschmerzen	rôk-thɔ́ɔng-sĭia
Malaria	maalaaria
Mandelentzündung	tɔ̀ɔm-thɔɔnsin-àksèeb
Migräne	pùad-hŭa-maikreen
Mittelohrentzündung	hŭu-schán-klaang-àksèeb
Nasenbluten	lûad-kamdao-ɔ̀ɔk
Nierenentzündung	tai-àksèeb
Nierenstein	kɔ̆ɔn-nîu-nai-tai
Ohnmacht	khwaam-pen-lom
Pocken	fĭi-dàat
Prellung	phlằäfók-schám-khĭiao
Quetschung	kaan-schám-buam
Rheuma	rôk-pùad-taam-khɔ̂ɔ-taam-klâam-nŭa
Rückenschmerzen	khwaam-pùad-lăng
Schlaflosigkeit	kaan-nɔɔn-mâi-làb
Schlaganfall	rôk-schák
Schmerzen	khwaam-dschèb-pùad
Schnittwunde	rɔɔi-phàa-tàd
Schnupfen	rôk-wàd
Schüttelfrost	khăi-năao-sàn
Schwellung	kaan-buam
Schwindel	khwaam-wing-wiian
Seitenstechen	kaan-pùad-iuu
Sodbrennen	aakaan-sìad-thɔ́ɔng
Sonnenbrand	kriiam-dằäd
Sonnenstich	pen-lom-dằäd
Stirnhöhlenentzündung	jûa-samɔ̆ɔng-àksèeb
Tetanus	rôk-bàad-thaják
Typhus	khâi-thaifɔɔi
Übelkeit	kaan-khlûün-hĭian
Verbrennung	kaan-phăo
Verdauungsstörung	kaan-mâi-jɔ̂ɔi
Vergiftung	aakaan-phĭt-dschàak-săan
verletzen	tham-hâi-dâi-ráb-bàad-dschèb
Verletzung	bàad-dschèb
verstaucht	khled
Verstopfung	thɔ́ɔng-phùuk
weh tun	dschèb
Wunde	bàad-phlằä
Zerrung	tham-hâi-khléd

Körper – Arzt – Krankenhaus

atmen	hăai-dschai
Attest/Bescheinigung	bai-ráb-rɔɔng
Besuchszeit	weelaa hăa khon pùai
bewusstlos	mâi-dâi-sati
Blase	kràphɔ-pàd-saa-wá

Blinddarm	sâi-tìng
Blut	lûad
Blutdruck (hoher/niedriger)	khwaam-dan-lohìt (sǔung/tàm)
bluten	lûad-ɔ̀ɔk
Blutgruppe	klùm-lûad
Bronchien	lɔ̀ɔd-lom
Chirurg/in	sǎnlajaphâät
Darm	lamsâi
desinfizieren	khâa-schʉ́a-rôk
Diagnose	kaan-wínít-schǎai-rôk
Diät	aahǎan-khon-pùai
Eiter	náam-nɔ̌ɔng
erbrechen, sich	aadschiian
Facharzt/ärztin	phûu-schîiao-schaan
Gallenblase	náam-dii
Gehirn	samɔ̌ɔng
Gehör	khrûang-fang-sǐiang
Gelenk	khɔ̌ɔ-tɔ̀ɔ
Geschlechtsorgane	awai-jawá-phêt
Gesicht	nâa
Haut	phǐu-nǎng
Herz	hǔa-dschai
Herzschrittmacher	khrûang-kratûn-hǔa-dschai
Herzspezialist	mɔ̌ɔ-kèng-thaang-rôk-hǔa-dschai
Husten	ai
Impfpass	samùd-schìid-jaa
Impfung	kaan-plùuk-fǐi
Infusion	kaan-krɔ̀ɔk-sài
Knochen	kràdùuk
krank	pen rôk
Krankenhaus	roong-phajaabaan
Leber	tàb
Lippe	rim-fǐi-pàak
Lunge	pɔ̀ɔd
Magen	kràphɔ́-aahǎan
Mandeln	tɔ̀ɔm-thɔɔnsin
Menstruation	kaan-mii-raduu
Muskel	klâam-nʉ́a
nähen	jéb-phlǎä
Narbe	phlää-pen
Narkose	kaan-waang-jaa-salòb
Nerv	prasàat
nervös	ngùd-ngìd
Niere	tai
Operation	sǎnjakam
Prothese	plɔɔm
Puls	schîi-phaadschon
Rippe	sîi-khrong
röntgen	tham èksaree

Schiene	fùak
Schlüsselbein	kràdùuk-hăi-plaa-ráa
Schulter	lài
Schwangerschaft	kaan-mii-khan
schwitzen	ngŭa-ɔ̀ɔk
Speiseröhre	lɔ̂ɔd-aahăan
Sprechstunde	weelaa-trùat-khài
Spritze	krabɔ̀ɔk-schìid-jaa
Stich	kaan-tɔ̀ɔi
Stuhlgang	kaan-thaai-ùt-dschaará
Trommelfell	jûa-kâäo-hŭu
Ultraschalluntersuchung	kaan-trùat-khlûün-sĭiang-thîi-jùu-nŭa-kaan-ráb-fang
Unterleib	thɔ́ɔng-nɔ̀ɔi
Untersuchung	kaan-trùat
Urin	náam-pàd-saa-wá
Verband	phâa-phan-phlăä
verbinden	phan-phlăä-dûai-phâa
Verdauung	kaan-jɔ̂ɔi
verschreiben	ɔ̀ɔk-bai-sàng-jaa
Virus	wairát
Wartezimmer	hɔ̂ɔng-sămràb-nâng-khɔɔi
Wirbelsäule	kràdùuk-săn-lăng
Zunge	lín

Beim Zahnarzt

Ich habe (starke) Zahnschmerzen.	**phŏm pùad fan (mâak)**
Dieser Zahn (oben/unten/vorn/hinten) tut weh.	**fan sîi (bon/lâang/nâa/lăng) níi pùad**
Ich habe eine Füllung verloren.	**takùa ùd fan phŏm lùd ɔ̀ɔk pai**
Mir ist ein Zahn abgebrochen.	**fan phŏm hàk**
Geben Sie mir bitte eine/keine Spritze.	**karunaa schìid jaa/jàa schìid jaa**

Kiefer	khăa-kan-krai
Loch	fan-phù
Plombe	khɔ̆ɔng-ùd-fan
Prothese	plɔɔm-fan
Weisheitszahn	fan-kraam-sùd-tháai
Zahn	fan
Zahnfleisch	ngùak
Zahnschmerzen	aakaan-pùad-fan
ziehen	thɔ̆ɔn fan

Wichtiges von A bis Z

Do you speak English?
In der Bank und auf dem Postamt wird dieses Buch wohl nicht gebraucht. Hier verständigt man sich auf Englisch.

Bank

Wo ist hier bitte ...	**thǎǎo-níi mii ... thîi-nǎi**
eine Bank?	**thanaakhaan**
eine Wechselstube?	**thîi ráb lâäk ngön**
Ich möchte ... Euro (Schweizer Franken) in Baht wechseln.	**phǒm khɔ̌ɔ lâäk ... juuro (farang sawíd) pen ngön bàat**
Wie ist heute der Wechselkurs?	**wan-níi àtraa-lâäk-ngön thâorai**
Ich möchte diesen Reisescheck einlösen.	**phǒm jàak plìian schék-döön-thaang níi hâi pen ngön sòd.**
Auf welchen Betrag kann ich ihn maximal ausstellen?	**phǒm dâi plìian schék thǔng khun-khâa thâorai**
Ihre Scheckkarte, bitte.	**khɔ̌ɔ bàt thanaakhaan**
Darf ich bitte Ihren Reisepass sehen?	**khɔ̌ɔ duu nǎngsǔü-döön-thaang nɔ́ɔi**
Würden Sie bitte hier unterschreiben?	**khɔ̌ɔ sen schûu thîi-níi dûai**

auszahlen	dschàai
Bank	thanaakhaan
bar	pen ngön sòd
Bargeld	ngön-sòd
Bearbeitungsgebühr	khâa-tham-niiam
Betrag	dschamnuan-ngön
Devisen	ngön-tàang-prathêet
Formular	bàäb-fɔɔm
Geheimzahl	mǎai-lêek-láb
Geld	ngön
Geldautomat	thîi-lâäk-ngön-àtanomát
Geldanweisung	thanaanát
Geldschein	thanabàt
Geldwechsel	kaan-lâäk-ngön

Kleingeld	ngön-jɔ̂ɔi
Konto	banschii
Kreditkarte	bàt-khreedìt
Münze	rĭian
Quittung	bai-ráb-ngön
Reisescheck	schék-döön-thaang
Scheck	schék
einen Scheck ausstellen	khĭian schék
Scheckkarte	bàt-thanaakhaan
Schweizer Franken	farang sawíd
Überweisung	kaan-sòng-ngön
telegrafische Überweisung	dschàai-ngön-thaang-thoralêek
umtauschen	lâäk ngön
Unterschrift	laai-sen
Währung	ngön-traa
Wechselkurs	àtraa-lâäk-ngön
Wechselstube	thîi-ráb-lâäk-ngön
Zahlung	kaan-dschàai-ngön

Filmen und Fotografieren ➢ auch Fotoartikel, S. 124

Wären Sie wohl so freundlich, ein Foto von uns zu machen?	**khun schûai thàai-rûup rao dâi măi**
Sie müssen auf diesen Knopf drücken.	**khun tɔ̂ng kòd kràdum níi**
Die Entfernung/Blende stellt man so ein.	**pràb rájá-thaang/pàak-klɔ̂ɔng-thàai-rûup bǎäb níi**
Dürfte ich Sie wohl fotografieren?	**phŏm thàai-rûup khun dâi măi**
Das ist sehr freundlich.	**khun dschai-dii mâak**

Schnappschuss	phàap-thàai-reo

Polizei

Wo ist bitte das nächste Polizeirevier?	**sathăanii-tamrùat thîi klâi thîi-sùd jùu thîi-năi**
Ich möchte ... anzeigen.	**phŏm jàak dschâäng khwaam-rûang ...**
einen Diebstahl	**kaan-thûuk-khamoi**
einen Überfall	**kaan-dschùu-dschoom**

Mir ist ... gestohlen worden.	**... khɔ̌ng phǒm thûuk khamoi**
die Handtasche	**krapǎo-thüü**
die Brieftasche	**krapǎo-ngön**
mein Fotoapparat	**klɔ̂ɔng-thàai-rûup phǒm**
mein Auto / mein Motor–rad	**rót-jon/rót-motöösai phǒm**
Mein Auto ist aufgebrochen worden.	**rót-jon khɔ̌ng phǒm thûuk ngád**
Aus meinem Auto ist ... gestohlen worden.	**rót phǒm don khamoi ngád ao ... pai lǽäo**
Ich habe ... verloren.	**... phǒm haai**
Mein Sohn/Meine Tochter ist verschwunden.	**lûuk-schaai/lûuk-sǎao haai lǽäo**
Dieser Mann belästigt mich.	**phûu-schaai khon níi rang-kää phǒm**
Können Sie mir bitte helfen?	**khɔ̌ɔ schûai nɔ́ɔi**
Wann genau ist das passiert?	**kòöd hèet khûn mûarai**
Ihren Namen und Ihre Anschrift, bitte.	**schûü lǽ thîi-jùu khɔ̌ng khun dûai**
Wenden Sie sich bitte an die deutsche/österreichische/ Schweizer Botschaft.	**khun khuan pai tìd tɔ̀ɔ sathǎan-thûut jööraman/ɔ́ɔsatria/ sawídsöölään**

anzeigen	dschâäng
aufbrechen	ngád
Autoradio	withajú-tìd-rót-jon
belästigen	rang-kää
beschlagnahmen	jûüd
Dieb	khon-khamoi
Diebstahl	kaan-thûuk-khamoi
Gefängnis	khúk
Geldbörse	krapǎo ngön
Gericht	sǎan
Kreditkarte	bàt-khreedìt
Papiere	bai-khàb-khìi
Personalausweis	bàt-pradscham-tua
Polizei	tamrùat
Polizeiwagen	rót-jon tamrùat
Polizist/in	khon-tamrùat
Rauschgift	jaa-mün-mao
Rechtsanwalt/anwältin	thanaai-khwaam

Reisepass	năngsŭü-döön-thaang
Richter/in	phûu-phí-phâak-săa
Scheck	schék
Scheckkarte	bàt-thanaakhaan
Schlüssel	lûuk-kun-dschää
Schmuggel	kaan-lák-lɔ̂ɔb-nam-khâo
Schuld	khwaam-phìd
Taschendieb	nák-lúang-krapăo
Überfall	kaan-dschùu-dschoom
Untersuchungshaft	kaan-dschàb-pai-khăng-rawaang-kaan-sɔ̀ɔb-sŭan
Verbrechen	àad-schajaa-kam
Vergewaltigung	kaan-khòm-khŭn
verhaften	dschàb-kum
verlieren	phǻä
zusammenschlagen	tii-khwâm-long-pai

Post

Die Post funktioniert sehr zuverlässig, jedenfalls wenn Briefe und Postkarten beim Postamt aufgegeben werden. Viele Postämter haben auch einen Verpackungsservice, so dass die Einkäufe gut verpackt und wohlbehalten zu Hause ankommen.

Wo ist ...	**... jùu thîi-năi**
das nächste Postamt?	**praisanii thîi klâi thîi-sùd**
der nächste Briefkasten?	**tûu-dschòd-măai thîi klâi thîi-sùd**
Was kostet ...	**khâa sòng ... thâorai**
ein Brief ...	**dschòd-măai ...**
eine Postkarte ...	**pósakàat ...**
nach Deutschland?	**pai prathêet jööraman**
nach Österreich?	**pai prathêet ɔ́ɔsatria**
in die Schweiz?	**pai prathêet sawídsöölään**
Drei Briefmarken zu ... Baht, bitte.	**satääm săam duang duang lá ... bàat**

Diesen Brief bitte per ...	**dschòd-măai níi ...**
Luftpost.	**sòng thaang praisanii aakàat**
Express.	**sòng pen dschòd-măai dùan**
Wie lange braucht ein Brief nach Deutschland?	**dschòd-măai thŭ̌ng dschà thŭ̌ng jööraman schái weelaa naan thâorai**
Haben Sie Sondermarken?	**khun mii satääm-sŭai măi**

➢ auch Bank, S. 152

Absender	phûu-sòng
Adresse	thîi-jùu
ausfüllen	krɔ̀ɔk
Brief	dschòd-măai
Briefkasten	tûu-dschòd-măai
Briefmarke	satääm
Briefmarkenautomat	thîi-jɔ̀ɔd-satääm-àtanomát
Eilbrief	dschòd-măai-dùan
Einschreibebrief	dschòd-măai-thabiian
Empfänger	phûu-ráb
Formular	bä̀äb-fɔɔm
frankieren	pìd-praisanii-jaakon
Gebühr	khâa
Gewicht	khwaam-nàk
Hauptpostamt	praisanii klaang
Leerung	kaan-kèb-dschòd-măai dschàak tûu-săathaa-raná
Luftpost, mit	thaang praisanii-aakàat
nachsenden	sòng-tɔɔ
Päckchen	phádsadù-jɔ̂ɔi
Paket	phádsadù
Paketkarte	bai-krɔ̀ɔk-khɔ̂ɔ-khwaam
Porto	khâa-sòng
Postamt	praisanii
Postkarte	pósakàat
postlagernd	kèb-wái-hâi-pai-ráb-eeng
Postleitzahl	rahàt-praisanii
Sondermarke	satääm-sŭai
Telefax	fǻk
Telegramm	thoralêek
Telex	thorasăan
Vordruck	bä̀äb-fɔɔm
Wertangabe	kaan-dschâäng-rakhaa
Zollerklärung	bai-dschâäng-phaasĭi

Telefonieren

Telefonieren kann in Bangkok zur Geduldsprobe werden, vor allem wenn es regnet. Das chaotische Leitungsnetz scheint dann mehr Gespräche durch Kurzschlüsse als durch Wählen zu verbinden. Nach Hause kann man zu unterschiedlichsten Preisen von der Post, vom Hotel oder von privaten *oversea-telephones* aus telefonieren. Für Auslandsgespräche in Bangkok empfiehlt sich die General Post Office (GPO) in der Nähe des Oriental-Hotels wegen den günstigsten Tarifen. Die GPO hat rund um die Uhr geöffnet.

Vorwahlnummer der Städte im Inland:

Ayutthaya 035
Bangkok 02
Cha Am 032
Chantaburi 039
Chiang Mai 053
Chiang Rai 054
Chonburi 038
Hat Yai 074
Hua Hin 032
Kanchanaburi 034
Khon Kaen 043
Korat 044
Koh Samui 077
Krabi 075
Lampang 054
Loei 042
Lopburi 036
Mae Hong Son 053
Nakhon Ratchasima 044
Nong Khai 042
Pattaya 038
Phetchaburi 032
Phitsanulok 055
Phuket 076
Rayong 038
Songkhla 074
Surat Thani 077
Surin 044
Udon Thani 042

Die internationale Telefonvorwahl für Thailand von Europa aus ist 0066. Bei Telefonaten vom Ausland nach Thailand wird bei der Städtenummer die 0 weggelassen (z. B. nach Chiang Mai 0066-53-Teilnehmernummer).
Die Telefonvorwahl von Thailand aus für Deutschland ist 001-49, für Österreich 001-43 und für die Schweiz 001-41.

Wo ist die nächste Telefonzelle?	**tûu-thorasàp nâa jùu thîi-năi**
Bitte eine Telefonkarte/ Telefonmünze.	**khɔ̆ɔ hâi bàt-thorasàp/lâäk-rĭian-thorasàp**
Wie ist die Vorwahl von ...?	**lèek-rahàt khɔ̆ng ... khuu lèek arai**
Bitte ein Ferngespräch nach ...	**khɔ̆ɔ tɔ̀ɔ thorasàp thaang klai pai ...**
Gehen Sie bitte in Kabine Nr. ...	**khun karunaa pai thîi tûu măai lêek ...**

Ein Telefongespräch

Hier spricht ...	**thîi-níi khüü ...**
Hallo, wer spricht?	**hälŏo, khrai phûud**
Kann ich bitte Herrn/Frau/ Fräulein ... sprechen?	**khɔ̆ɔ phûud kàb khun ...**
Tut mir Leid, er/sie ist nicht da.	**khɔ̆ɔ-thôot khăo mâi jùu**
Kann er/sie Sie zurückrufen?	**khăo dschà thorasàp klàb maa ìik dâi măi**
Möchten Sie eine Nachricht hinterlassen?	**khun dschà fàak khɔ̂ɔ-khwaam wai rŭü plàao**
Würden Sie ihm/ihr bitte sagen, ich hätte angerufen?	**khun karunaa bɔ̀ɔk khăo dûai wâa phŏm thorasàp**
Kein Anschluss unter dieser Nummer.	**mâi mii sănjaan tɔ̀ɔb ráb dschàak măai-lêek níi**

abnehmen	ráb thorasàp
Anruf	kaan-thorasàp
Anrufbeantworter	thorasàp banthŭk khɔ̂ɔ-khwaam
anrufen	thorasàp
Auskunft	kaan-bɔ̀ɔk-thorasàp
Auslandsgespräch	kaan-phûud-thorasàp tàang prathêet
besetzt	mâi wâang
Ferngespräch	kaan-phûud-thorasàp thaang klai
Gebühr	khâa-thorasàp
Gespräch	kaan-phûud
Handy	khrûang-thorasàp-müü-thŭü
Hörer	hŭu-thorasàp
Münzfernsprecher	thorasàp-săathaaraná
Ortsgespräch	thorasàp-phaai-nai-dschang-wàd
Telefon	thorasàp
Telefonbuch	samùd-thorasàp
Telefonkarte	bàt-thorasàp
Telefonnummer	böö-thorasàp
Telefonzelle	tûu-thorasàp
Verbindung	tìd-tɔ̀-khâam
Voranmeldung	dschɔɔng-măai-lêek-lûang-nâa
Vorwahlnummer	rahàt-thorasàp
wählen	mŭn

Toilette und Bad

Wo ist bitte die Toilette?	**hɔ̂ng-náam jùu thîi-năi**
Dürfte ich wohl bei Ihnen die Toilette benutzen?	**pai hɔ̂ng-náam khɔ̌ng khun dâi măi**

Damen	**phûu-jǐng**
Damenbinden	**phâa-anaamai**
Handtuch	**phâa-schét-tua**
Handwaschbecken	**àang-láang-müü**
Herren	**phûu-schaai**
sauber	**sa-àat**
schmutzig	**sòkapròk**
Seife	**sabùu**
Toilettenpapier	**kradàat-schamrá**

Kurzgrammatik

Die Grammatik der thailändischen Alltagssprache ist sehr einfach und logisch. Es gibt weder Deklination noch Konjugation und auch keine Artikel; Zeiten werden durch Zusatzsilben gebildet.

Satzbau

Die Sätze sind grundsätzlich wie folgt aufgebaut:

Subjekt	Prädikat	Objekt

Adjektive werden immer an das Hauptwort angehängt, dessen Eigenschaft bezeichnet werden soll:

náam jen
Wasser kalt

Zeiten

Vergangenheit und Zukunft werden durch kleine Zusatzwörter nach bzw. vor dem Verb ausgedrückt:

Vergangenheit: Verb + lɛ́ɛo	Zukunft: dschà + Verb
pai lɛ́ɛo gehen schon	dschà pai werden gehen

Ansonsten werden Vergangenheit und Zukunft dadurch gebildet, dass dem Verb Adverbien der Zeit hinzugefügt werden:

phrûng-nı́i phŏm pai kin khâao
morgen ich gehen essen Reis

Die Verlaufsform wird durch das Wort „kamlang" beschrieben:

khăo kamlang kin
er gerade essen

Fragen

Durch Fragewörter am Ende eines Satzes wird dieser zur Frage:

Das Fragepartikel „mǎi" (nicht übersetzbar) macht jeden Satz oder jedes Wort zur Frage:

man sǔai mǎi
es schön ?

Kategorie- oder Zählwörter

Zählwörter bzw. Kategoriewörter werden als „Gattungsbezeichnung" an die Zahl angehängt:

Hauptwort	Anzahl	Kategoriewort
bia Bier	saam drei	kâäo Glas
sind demnach: drei Gläser Bier		

Weitere Beispiele:

phîi-schaai Bruder	sɔ̌ɔng zwei	khon Personen
mamûang Mango	hâa fünf	phǒn Frucht

Einige der meistbenutzten „Gattungsbezeichnungen" (im Englischen werden sie treffender als „classifier" bezeichnet) sollen hier genannt werden:

an	Stück, kleine Gegenstände („Universalzählwort")
baan	Türen, Fenster, Spiegel, Bildschirme
bai	runde Gegenstände wie: Schalen, Teller, Körbe, Hüte, Eier oder auch runde Früchte
bot	Verse, Strophen, Lektionen
dɔ̂ɔk	Blumen, Räucherstäbchen
duang	Sterne, Lampen, Lichter, Briefmarken, Medaillen
hɔ̀ɔ	Päckchen, Pakete, Bündel
hɔ̂ɔng	Räume
kâäo	(Trink-)Gläser
khâang	Arme, Beine
khan	Fahrzeuge, auch Gabeln, Löffel und Schirme
khon	Menschen (nur für Mönche heißt es „rùup")

khrûang	Maschinen, Instrumente, Geräte
khùat	Flaschen
khûu	paarige Dinge (z. B. Schuhe, Socken)
kɔ̂ɔn	Stücke, Zuckerwürfel, Steine, Seife, Wolken
krà-bɔ̀ɔk	Gewehre, Pfeifen
lam	(längliche, hohle) Gegenstände: Bambusstäbe, Schiffe, Flugzeuge
lang	(kleine) Häuser
lêm	Bücher, Hefte, auch spitze Gegenstände wie: Kerzen, Messer, Nadeln, Scheren oder (Ochsen-)Karren
lûuk	Bälle, Obst (kleine runde Früchte mit Kern), Behälter, (junge) Menschen oder Tiere, Schlüssel
mét	Knöpfe, Pillen, Edelsteine, Kerne
muan	Zigaretten, Zigarren
múan	(Toilettenpapier-)Rollen, (Film-)Rollen
nâa	Seiten von Zeitschriften, Zeitungen, Büchern
phään	(platte) Gegenstände: Papier, Pappe, CDs, Brotscheiben
phǘün	Stoffe, Teppiche, Handtücher
roong	(größere) Gebäude (z. B. Hotels, Kinos, Fabriken)
rùup	Mönche (im Gegensatz zu Menschen; vgl. khon)
rüüan	Uhren
rûüang	Geschichten, Themen (eines Buches oder Films)
schabàb	flache Schriften: Briefe, Zeitungen, Dokumente
schin	Scheiben oder Stücke von Fleisch, Obst, Stoffen
schɔ̂ɔ	Blumensträuße
sên	Stricke, Fäden, (Hals-)Ketten, (einzelne) Haare
sɔɔng	kleine Schachteln (Zigaretten), (Brief-)Kuverts
thǔng	Taschen, Beutel
tôn	Pflanzen, Bäume
tua	Tiere (und alles mit Armen oder Beinen außer Menschen: Hemd, Hose, Jacke, Möbel)

Nicht zu verwechseln mit den Kategoriewörtern sind häufig vorkommende Wortstammwörter, die mit einem konkretisierenden Zusatzwort einen neuen Begriff ergeben. Das wohl in Wortkombinationen am vielfältigsten vorkommende Wort ist „dschai" – Herz, Sinn, Gemüt, Wesen. Die orientalisch blumige Sprache des Thailändischen kann in den Wortzusammensetzungen sehr gut nachvollzogen werden:

dschai-rɔ́ɔn	Herz heiß	aufgeregt, gereizt
rɔ́ɔn-dschai	heiß Herz	besorgt
dschai-jen	Herz kalt	gelassen, ruhig
sǐia-dschai	verdorben Herz	etwas Leid tun
dschai-sǐia	Herz verdorben	entmutigt
dschai-dii	Herz gut	freundlich, großzügig
dii-dschai	gut Herz	froh
náam-dschai	Wasser Herz	herzlich
dschai-tȁäk	Herz brechen	verdorben
dschai-háai	Herz verlieren	verwirrt, entsetzt
háai-dschai	verlieren Herz	atmen
khào-dschai	hinein bewegen Herz	verstehen
ao-dschai	nehmen Herz	erfreuen, verwöhnen
sɔ̌ɔng-dschai	zwei Herz	untreu
lǎai-dschai	verschiedene Herz	unentschlossen
dschai-khȁäp	Herz eng	egoistisch
dschai-kwaang	Herz weit	großzügig
dschai-dam	Herz schwarz	böse
dschai-ráai	Herz schlecht	sehr böse
khɔ̀ɔb-dschai	Rand des Herzens	danken
thǚng-dschai	ankommen Herz	entzückt
khûn-dschai	aufsteigen Herz	auswendig
wǎan-dschai	süß Herz	Geliebte

Hauptwörter

a) Geschlecht der Hauptwörter

Hauptwörter haben grundsätzlich kein grammatikalisches Geschlecht. Soll jedoch das Geschlecht z. B. einer Katze näher bestimmt werden, hängt man einfach die Silbe „mia" für weiblich und „phûu" für männlich an das Hauptwort:

mäao tua mia
Katze Körper weiblich

mäao tua phûu
Katze Körper männlich

b) Hauptwortbildung mit khwaam und kaan

Aus jedem Verb und jedem Adjektiv kann man durch Voranstellen der Silben „kaan" (beim Verb) bzw. „khwaam" (beim Adjektiv) ein Hauptwort bilden:

jen kalt	khwaam-jen Kälte
pai gehen	kaan-pai Gang

c) Mehrzahlbildung

Die Mehrzahl wird durch Verdoppelung gebildet:

khon — khon-khon
Person — Personen, Leute (allgemein, unbestimmt)

d) zusammengesetzte Hauptwörter

Viele Hauptwörter werden durch das Anhängen eines anderen Wortes näher bestimmt und erhalten dadurch ihre spezifische Bedeutung. Z. B.:

kham Wort		
kham-schöön	Wort einladen	Einladung
kham-thǎam	Wort fragen	Frage
khâang Seite, Richtung		
khâang- bon	Richtung auf	über
khâang- lâang	Richtung Rückseite	hinter
nák Spezialist		
nák- riian	Spezialist lernen	Schüler
nák- sùksǎa	Spezialist studieren	Student
náam Wasser		
náam- hɔ̌ɔm	Wasser duften	Parfüm
náam- khǎng	Wasser hart	Eiswürfel
roong Halle, Saal		
roong-rääm	Halle Zeit verbringen	Hotel
roong-phajaabaan	Halle pflegen	Krankenhaus
rót Fahrzeug		
rót- jon	Fahrzeug Motor	Auto
rót- fai	Fahrzeug Feuer	Eisenbahn
schâng Handwerker		
schâng- fai- fáa	Handwerker Feuer Himmel	Elektriker
schâng- mái	Handwerker Holz	Schreiner

Eigenschaftswörter

Eigenschaftswörter sind unveränderlich und stehen grundsätzlich hinter dem Hauptwort, das sie beschreiben:

phûu-jǐng sǔai
Mädchen schön

Gegensätzliche Eigenschaftswörter kann man einfach durch Voranstellen der Silbe „mâi" (nicht) bilden:

	Gegensatz:	oder einfach:
klai weit (Entfernung)	klâi nah	mâi klai nicht weit

Viele Eigenschaftswörter werden auch durch Anhängen der Vorsilbe „nâa" an ein Verb gebildet. Diese Vorsilbe entspricht im Deutschen der Nachsilbe -wert oder -würdig:

kin essen	nâa-kin essenswert	duu anschauen	nâa-duu sehenswert

Einige wichtige Eigenschaftswörter:

kha-jăn fleißig	khîi-kìat faul	wâang frei	tem besetzt
jài groß	lék klein	phääng teuer	thùuk billig
ûan dick	phɔ̌ɔm dünn	mài neu	kào alt
jaao lang	sân kurz	rɔ́ɔn heiß	jen kalt
reo schnell	schàa langsam	mâak viel	nɔ́ɔi wenig
klai weit	klâi nah	wăan süß	phèt scharf
thùuk richtig	phìt falsch	ruai reich	dschon arm
dsching wahr	koohòk gelogen	sawàang hell	mûut dunkel
ngâai einfach	jâak schwierig		

Adverbien

Das Adverb steht im Thailändischen normalerweise hinter dem Verb oder Adjektiv am Ende des Satzes:

khăo khàb rót-jon reo
er fahren Auto schnell

Sollen jedoch einmal beispielsweise Adverbien der Zeit besonders betont werden, können sie auch am Anfang des Satzes stehen:

wan-níi phŏm pai kin khâao
Heute ich gehen essen Reis

Bindewörter (Konjunktionen)

Wichtige Bindewörter sind:

lǽ und	tâä-wâa aber
rǘ oder	phrɔ́-wâa da, weil
kàb mit	khà-nà-thíi, weelaa wenn, während
dûai auch	thâa wenn, falls
phrɔ́-schà-nán deshalb	wâa dass, ob
lǽäo dann, schon	phûüa damit, dass, um zu

Steigerungen

Steigerungen werden durch Anfügen der Worte „kwàa" mehr ... (Komparativ) bzw. „thîi-sùd" am meisten (Superlativ) gebildet:

dii gut	dii kwàa besser	dii thîi-sùd am besten

Anmerkung: entgegen der Regel wird „thîi-sùd" auf der ersten Silbe betont.

Intensivierung

Intensivierungen („sehr ...") werden einfach durch Verdoppelung erreicht:

mâak viel	mâak-mâak sehr viel

Persönliche Fürwörter

Im Thailändischen gibt es eine Vielzahl von Wörtern für „ich" und „du" bzw. „Sie", je nachdem, wie man selbst bzw. der Gesprächspartner in der sozialen Hierarchie eingeordnet ist. Dem Ausländer ist es fast unmöglich, die genauen Sprach- und Verhaltensregeln zu beherrschen. Folgende persönliche Fürwörter können jedoch getrost im täglichen Gebrauch verwendet werden:

phǒm ich (männlich)	khun du, Sie	man es	khun Ihr
di-schǎn ich (weiblich)	kháo er, sie	rao wir	

kháo (für Personen) oder man (für Tiere und Sachen)
sie (Mehrzahl)

Als Anrede genügt im Allgemeinen „khun ..." in Verbindung mit dem Namen.

Besitzanzeigende Fürwörter

Dem entsprechenden persönlichen Fürwort wird die Silbe „khɔ̌ɔng" vorangestellt:
bâan khɔ̌ɔng phǒm
Haus von ich

Rückbezügliche Fürwörter

pai sɯ́ɯ bia (tua) eeng
gehen kaufen Bier (Körper) selbst
In der Umgangssprache wird „tua" oftmals weggelassen.

Verneinung

Dem Verb wird die Silbe „mâi" vorangestellt:
phǒm mâi pai
ich nicht gehen

Passiv

Das Passiv wird mit dem Wort „thùuk" erleiden gebildet, welches zwischen „Erleidenden" und „Handelnden" gesetzt wird:
kháo thùuk jung tɔ̀i
er erleiden Stechfliege stechen

Deutsch – Thailändisch

Das themenbezogene Vokabular finden Sie in den Wortlisten der Kapitel.

A

ab dschàak-pai; ɔ̀ɔk
Abend tɔɔn-jen
aber tâä-wâa
abfahren (von) ɔ̀ɔk-döön-thaang-pai
Abfall *(Müll)* khàj
abgeben sòng-hâi
abholen pai-ráb
Abkürzung kaan-jɔ̂ɔ-khwaam
ablehnen pátìsèet
abreisen (nach) ɔ̀ɔk-döön-thaang
abschließen sài-kun-dschää; *(vollenden)* dschòb
abwärts long khang-lâang
Achtung khwaam-ramád-rawang
Adresse thîi-jùu
Agentur tua-thään
ähnlich mŭan-kan
akklimatisieren, s. ~ pràb tua hâi schin kàb aakàat
alle thúk-khon
allein khon-diiao
alles tháng-mòd
als *(zeitlich)* mûa; *(Vergleich)* kwàa
also dang-nán
alt *(Lebewesen)* kää; *(Sache)* kào
Alter aajú
Amt sămnák-ngaan
amüsieren, s. ~ tham-hâi-phlôd-phlön
an thîi; *(für)* sămràb
andere, der/die/das ~ ùün
anders tä̀äk-tàang
anderswo thîi-ùün
Anfang kaan-rôöm-tôn
anfangen rôöm-tôn
Angabe kham-thalä̌äng
angenehm sadùak
Angst khwaam-klua
anhalten jùd
Anlage *(Bau)* kaan-kɔ̀ɔ-sâang; *(Grün~)* sŭan-săa-thaa-raná
anmelden dschâäng
ansehen mɔɔng-duu
anstatt thään-thîi
anstrengend lambàak
antworten tɔ̀ɔb
anziehen tä̀äng-tua
anzünden dschùd
Apparat khrûang-müü
Appetit khwaam-jàak-aahăan
Arbeit ngaan
arbeiten tham-ngaan
arbeitslos mâi-mii-ngaan-tham
ärgern, s. ~ über kròot
Arm khä̌än
arm dschon
Art *(Gattung)* bä̀äb-schaníd; *(Weise)* kiríjaa
auch dûai
auf (1) bon; **auf Deutsch** nai phaasăa jööraman
auf (2) *(offen)* pòöd
aufbewahren kèb-rák-săa
Aufenthalt kaan-phák-jùu
auffordern schák-schuan

aufhalten, jdn ~ plôn
aufhalten, s. ~ jùu
aufhören jùd
aufpassen (auf) rawang
aufschreiben dschòd-wái
aufstehen lúk-khûn
aufwachen tùün-khûn
aufwärts khûn-pai
Augenblick schûa-khana-diiao
aus *(zu Ende)* mòd; *(Herkunft)* dschàak; *(Material)* tham dschàak
Ausbildung kaan-fùk-ngaan
Ausdruck thɔɔi-kham; *(Gesicht)* kaan-sadääng-nâa
ausdrücklich bäàb-schád-dschââng
Ausgang thaang-ɔ̀ɔk
ausgeben dschàai
ausgehen pai-thîiao
ausgezeichnet kèng mâak
Auskunft kaan-bɔ̀ɔk
Ausland tàang-prathêet
Ausländer/in schaao-tàang-prathêet
ausländisch pen tàang-prathêet
ausmachen *(Licht)* pìd; *(vereinbaren)* dschàd, tòk-long
ausruhen, s. ~ phák-phɔ̀ɔn
außen khâang-nɔ̂ɔk
außer nɔ̂ɔk-dschàak
außerdem nɔ̂ɔk-dschàak-nán
außergewöhnlich phìd-sǎng-kèt
außerhalb nɔ̂ɔk-nǚüa
Aussicht thiu-thát
aussprechen phûud-ɔ̀ɔk-sǐiang
aussuchen lûüak
austauschen lââk-plìian
Ausverkauf kaan-khǎai-rú
Auswahl kaan-lûüak
Auto rót-jon; **~ fahren** khàb-rót
Automat khrûang-àtanomát
automatisch bäàb-àtanomát

B

Baby dèk-ɔ̀ɔn
bald nai-mâi-scháa; **so ~ wie möglich** reo-mâak-thîi-sùd-thâo-thii-dschà-tham-dâi
Ball lûuk-nâng; *(Fest)* kaan-tên-ram
Bank *(Geldinstitut)* thanaakhaan; *(Sitz~)* máa-nâng
bar zahlen hâi-ngön-sòd
Bauernhof bâan-râi
Baum tôn-mái
beabsichtigen tâng-dschai
beachten sǎng-kèt-duu
Beanstandung kaan-tam-nì
beantworten tɔ̀ɔb
bedauern sǒng-sǎan
Bedeutung khwaam-mǎai
Bedienung kaan-ráb-schái
Bedingung ngûan-khǎi
beeilen, s. ~ rîib
beenden dschòb
befinden, s. ~ jùu
befreundet sein pen-phûüan-kan
befürchten klua
begegnen phób-kan
begeistert (von) pen krà-thüü-rüü-rón
begleiten pai dûai
begrüßen tɔ̂ɔn-ráb
behalten kèb-wái
Behälter phaa-schaná
behandeln dschàd-kaan
behaupten jüün-jan
Behörde dschâo-nâa-thîi
bei thîi; *(Nähe)* klâi
beide tháng-sɔ̌ɔng
Beifall kaan-tòb-müü
Beispiel schên; **zum ~** dang-schên
beißen kàd

bekannt mii-schûu-sǐiang-thîi-sâab-tûa-kan; ~ **machen** tham-hâi-rúu-dschàk-kan
Bekannte, der/die ~ khon-rúu-dschàk-kan
Bekanntschaft kaan-khún-khööi
beklagen, s. ~ (über) sǐia-daai
bekommen dâi-ráb
belästigen rób-kuan
Beleidigung kaan-duu-thùuk
Belohnung kaan-hâi-raan-wan
bemerken rúu-sùk
bemühen, s. ~ phajaajaam
benachrichtigen dschââng
benötigen dscham-pen
benutzen schái
beobachten sǎng-kèed
bequem sadùak
berechnen khíd-kham-nuan
bereit phrɔ́ɔm
bereits jùu-lɛ́ɛ̈o
Beruf aaschîip
beruhigen, s. ~ sangòb-long
berühmt mii schûu-sǐiang
berühren sǎm-phàt; *(Gefühl)* kra-thób-kra-thüüan
beschädigen tham-hâi-sǐia-hǎai
bescheinigen ɔ̀ɔk-pai-ráb-rɔɔng-hâi
beschließen tòk-long-dschai
beschreiben phûud-àthíbaai
beschweren, s. ~ (über) rɔ́ɔng-thúk
besetzt *(voll)* tem-mòd; *(Platz)* dschɔɔng-lɛ́ɛ̈o
besichtigen trùat-duu
Besitzer phûu-dschâo-khɔ̌ɔng
besonders pen-phísèed
besorgen dschàd-tham
besser dii-kwàa
bestätigen ráb-rɔɔng
beste(r, -s) dii-thîi-sùd
bestehen auf jüün-jan; ~ **aus** tham-dschàak
bestimmt nâä-nɔɔn
Besuch kaan-jîiam
besuchen, jdn ~ pai-jîiam
beten sùad-mon
Betrag dscham-nuan
betreten jìiab; *(eintreten)* khâo-pai; *(verlegen)* ùüd-àd-dschai
betrinken, s. ~ dùüm-hâi-mao
Betrug kaan-schɔ̂ɔ-kong
betrunken mao
Bett tiiang; **zu ~ gehen** pai nɔɔn-làb
beunruhigen, s. ~ tham-hâi-pen-hùang
Beutel thǔng
bevor kɔ̀ɔn
bewachen fâo
Beweis kaan-phísùut
bewundern schom-schööi
bezahlen dschàai-ngön
bezaubernd pen-lûm-lǒng
Bezeichnung khwaam-mǎai
Biene phûng
bieten sànöö
Bild *(Zeichnung)* phàap; *(Foto)* rûup-thàai
bilden *(formen)* prakɔ̀ɔb-pen-rûup; *(erziehen)* sɔ̌ɔn
billig thùuk
bis thǔng; ~ **jetzt** dschon-kra-thâng-dǐiao-níi
bisschen, ein ~ níd-nɔ̀ɔi
bitte karunaa; *(Antwort auf Dank)* mâi-pen-rai; *(wie ~?)* arai-ná
bitten, jdn um etw ~ khɔ̌ɔ-rɔ́ɔng
bitter khǒm
Blatt bai-mái
bleiben aasǎi-jùu
bleich sîid
Blick kaan-mɔɔng; *(Ausblick)* thâa-thaang

blöd(e) *(dumm)* ngô; *(schwachsinnig)* bâa
blühen dɔ̀ɔk-baan
Blume dɔ̀ɔk-mái
Boden phǘün-din; *(Fußboden)* phǘün-hɔ̂ɔng
böse ráai; *(verärgert)* kròot
Botschaft *(dipl. Vertretung)* sathǎan-thûut
Brand fai-mâi
brauchen dscham-pen
braun sǐi náam-taan
breit kwâang
brennen mâi
bringen ao-maa; *(weg~)* ao-pai
Bruder *(älterer ~)* phîi-schaai; *(jüngerer ~)* nɔ́ɔng-schaai
Buch nǎng-sǚü
buchen long-banschii
buchstabieren sakòd-tua
Bucht àao-lék
Bummel kaan-döön-thîiao-lên
bunt lǎak-sǐi
Büro sǎmnák-ngaan
Busch phûm-mái

C

Café phat-taa-khaan-lék-lék
Chef hǔa-nâa
Cousin/Cousine lǎan/lǎan-sǎao

D

da *(Ort)* nân; *(Grund)* phrɔ́-wâa; **da sein** jùu
dafür sein sǎmràb nân
dagegen sein pathá-kan
daheim thîi-bâan
damals mûa-tɔɔn-nân
danach phaai-lǎng-dschàak-nân
danken khɔ̀ɔb khun
dann lɛ́ɛo
dasselbe mǔan-kan
Datum wan-thîi
Dauer rájá-weelaa
dauern kin-weelaa
denken an khíd-thǚng
denn phrɔ́
deshalb phrɔ́-schanán
deutlich schad-dscheen
deutsch jööraman
Deutsche, der/die ~ khon-jööraman
Deutschland prathêet-jööraman
dick *(Mensch)* ûan; *(Sache)* nǎa
diese(r, -s) nîi
Ding sǐng-khɔ̌ɔng
direkt trong-pai
Direktion thíd-thaang
doch thǚng-mɛ́ɛ
doppelt khûu
Dorf mùu-bâan
dort thîi-nân
Dose kràpɔ̌ɔng
draußen khâang-nɔ̂ɔk
drin, drinnen khâang-nai
dringend rêeng-dùan
dritte(r, -s) thîi-sǎam
du khun
dumm ngô
dunkel mûüd
dünn baang; *(schlank)* phɔ̌ɔm
durch phàan-khâo-pai; *(Mittel)* dûai; *(Passiv)* dooi
Durchreise kaan-döön-thaang-khâam-phàan
durchschnittlich schà-lìia
dürfen tham dâi
durstig kra-hǎai-náam, hǐu-náam

E

eben *(flach)* rîiab; *(zeitlich)* khànà-nân
Ebene thîi-rîiab
echt thɛ̂ɛ
Ecke hǔa-mum

Ehefrau phan-rajaa
Ehemann săamii
eigen khɔ̌ɔng-ton-eeng; *(eigenartig)* rúu-sŭk-plǎäk-dschai
Eigenschaft khunasŏm-bàt
eigentlich an-thǎä-dsching
Eigentümer dschâo-khɔ̌ɔng
eilig rêeng-rîib; **es ~ haben** rîib
ein(e) nùng
Eindruck rɔɔi-prà-tháb
einfach jàang-thamadaa; *(leicht)* ngâai; *(schlicht)* rîiab
Eingang thaang-khâo
einheimisch pen-khɔ̌ng-phǘün-müüang
einige bâang
einigen, s. ~ tòk-long-kan
einkaufen sǘü-khɔ̌ɔng
einladen schöön
einmal khráng-nùng
einpacken hɔ̀ɔ
einsam wáa
einschalten sɔ̀ɔd
eintreffen maa-thǜng
eintreten khâo
Eintritt kaan-phàan-khâo
Eintrittskarte bai-phàan-khâo
Eintrittspreis khâa-phàan-pratuu
Einwohner phûu-aasăi-jùu
einzig thâo-nán
elektrisch thîi-schái-fai-fáa
Eltern phɔ̂ɔ-mâä
empfangen tɔ̂ɔn-ráb
empfehlen nǽnam
Ende kaan-dschòb-long
enden dschòb-long
endgültig dèd-khàad
endlich nai-thîi-sùd
eng kháb
englisch ang-krìd
Enkel/in lăan
entdecken khón-phób
entfernt klai
Entfernung rájá-thaang
entgegengesetzt trong-kan-khâam
enthalten ban-dschù
entscheiden tòk-long-dschai
entschließen, s. ~ tàd-sǐn-dschai
entschuldigen, s. ~ jók-thôot
Entschuldigung kaan-khɔ̌ɔ-thôot
enttäuscht phìd-wăng
entweder ... oder ... jàang dai jàang nùng
entwickeln pháthanaa; *(Film)* láang-rûup
entzückend nâa-schûün-dschai
er khǎo
Erde lôk
Erdgeschoss schán-lâang-khɔ̌ɔng-bâan
ereignen, s. ~ kööd-khûn
Ereignis hèet-kaan
erfahren (1) *(v) (Information)* ráb-sâab; *(erleben)* rúu-sŭk
erfahren (2) *(adj)* mii pra-sòb-kaan
erfreut (über) jàang-jin-dii
Erfrischung sìng-thîi-tham-hâi-sòd-schûün
Ergebnis phŏn
erhalten dâi-ráb
erhöhen jók
erholen, s. ~ phák-phɔ̀ɔn
erinnern, jdn an etw~ tüüan
erinnern, s. ~ dscham-dâi
erklären àthíbaai
erkundigen, s. ~ thăam-hăa
erlauben ànú-jâat
Erlaubnis kaan-ànú-jâat
erledigen tham-hâi-sèt
Ermäßigung kaan-lód-jɔ̀ɔn
ermöglichen schûai-hâi-pen-pai-dâi
ernst dsching-dschang

Ernte kaan-kèb-kìiao
erreichen thǔ̌ng
Ersatz sìng-thään
erschöpft schái-mòd
erschrecken tòk-dschai
ersetzen plìian hâi-thään; *(Schaden)* schód-schööi
erst kɔ̀ɔn
erste(r, -s) rââk
Erwachsene(r) phûu-jài
erwarten khâad-mǎai; *(rechnen mit)* khâad-kha-nää
erzählen lâo
Erziehung kaan-sùksǎa
Esel laa
essbar schái-kin-dâi
Essen aahǎan
essen kin
etwa pramaan
etwas baang-sìng-baang-jàang; *(ein wenig)* níd-nɔ̀ɔi
euch khun-eeng
euer, eure khɔ̌ng-khun
Europa júròp
Europäer/in schaao-júròp
europäisch kìiao-kàb-júròp
extra phísèed

F

Fabrik roong-ngaan
fahren döön-thaang; *(lenken)* khàb
Fahrer phûu-khàb-rót
Fahrgast phûu-doi-sǎan
Fahrstuhl líf
Fahrt kaan-döön-thaang
fair jútì-tham
fallen tòk
falls thâa
falsch phìd; *(gefälscht)* pen-jɔ́-jɔ́i
Familie khrɔ̂ɔb-khrua
fangen dschàb-wai
fast kùüab-dschà
faul khîi-kìat; *(Obst)* nâao
fehlen khàad; *(abwesend)* mâi-jùu
Fehler khwaam-phìd-phalâad
feilschen tɔ̀ɔ-rɔɔng-rakhaa
fein la-ìiad-ɔ̀ɔn
Feld thûng-naa
Fell nǎng-sàt
Fels hǐn
Ferien wan-pìd-thööm
fertig sèt
fest nâän; *(haltbar)* khǎng
Fest kaan-schalɔɔng
fett mii-khǎi-man-mâak; *(dick)* ûan
feucht schǘün
Feuer fai
feuergefährlich antaraai fai-mâi
Feuerlöscher khrûang-dàb-phlöng
Feuermelder sǎnjaan-fai-mâi
Feuerwehr kɔɔng-dàb-phlöng
finden phób
Firma borisàt
Fisch plaa
Fischhändler khon-khǎai-plaa
fit mii sùkhaphâap dii
flach bään
Flasche khùad
Fleck(en) dschùd
flicken pà-phâa
Fliege maläng-wan
fliegen bin
fließen lǎi
flüssig leo
folgen tìd-taam; *(gehorchen)* schûüa-fang
Form rûup-bɜ̀äb
Formular bɜ̀äb-fɔɔm
fort pai-sǐa
Frage kham-thǎam
fragen thǎam
französisch faràng-sèet

Frau phûu-jǐng; *(Anrede, vor Namen)* khun
Fräulein naang-sǎao
frei wâang
fremd plàäk
Fremde, der/die ~ khon-plàäk-nâa
Freude khwaam-dii-dschai
freuen, s. ~ über dii-dschai; **s. ~ auf** tâng-dschai-khɔɔi
Freund/in phûüan
freundlich jàang-dschai-dii
frieren nǎao
frisch sòd; *(kühl)* jen; *(neu)* mài; *(Wäsche)* sa-àat
froh dii-dschai
früher nai-weelaa-thîi-reo-kwàa-dööm
frühstücken kin-aahǎan-scháo
fühlen rúu-sùk; *(betasten)* sǎm-phàt
führen nam
Führer phûu-nam
füllen tööm
funktionieren dschàd-kaan
für sǎmràb
fürchten klua
fürchterlich nâa-klua-mâak
Fußgänger phûu-döön-tháo

G

ganz tháng-mòd; *(adv)* thii-diiao; *(vollständig)* sǒm-buun
Garantie kaan-ráb-rɔɔng
Garten sǔan
Gast khàäk
Gastfreundschaft kaan-jin-dii-ráb-rɔɔng
Gastgeber/in dschâo-khɔ̌ɔng-bâan
Gebäude sìng-kɔ̀ɔ-sâang
geben hâi
geboren dâi-kòöd
gebräuchlich níjom-schái
Gebühr khâa-tham-niiam
Geburtstag wan-kòöd
Geduld khwaam-ɔ̀ɔd-thon
Gefahr antaraai
gefährlich mii-antaraai
Gefallen kaan-schûai-tham
Gefälligkeit kaan-schûai-lǜüa
Gefühl khwaam-rúu-sùk
gegen tɔ̀ɔ-tâan
Gegend tambon
Gegenstand wát-thùu; *(Thema)* rûüang
Gegenteil khɔ̌ɔng-trong-kan-khâam; **im ~** nai thaang trong-kan-khâam
gegenüber trong-kan-khâam
geheim láb
gehen pai; *(zu Fuß)* döön
gehören pen-khɔ̌ng
Gelände thûng-naa
Geld ngön
Gelegenheit okàat
gelegentlich mûa-mii-okàat
gelten schái-dâi
gemeinsam rûam-kan
gemischt pen-phàsǒm
genau nâä-nɔɔn; **~so ... wie** thâo-kan
genehmigen ànú-jâat hâi
genießen sòb-aarom
genug phɔɔ
geöffnet pòöd
gerade trong; *(zeitlich)* dǐiao-níi
Geräusch sǐiang-dang
Gericht *(Justiz)* sǎan; *(Essen)* aahǎan
gern schɔ̂ɔb; **nicht ~** mâi-schɔ̂ɔb
Geruch klìn
Gesang kaan-rɔ́ɔng-phleeng
geschehen bang-kòöd
Geschenk khɔ̌ɔng-khwǎn
Geschichte prà-wàt-sàat; *(Erzählung)* rûüang-raao

geschlossen pìd
Geschmack rót-schâat
Geschwindigkeit khwaam-reo
Gespräch kaan-phûud
gesund sabaai
Gewicht náam-nàk
Gewinn phŏn-kam-rai
gewöhnlich thamadaa
gewohnt sein khún-khööi
gibt, es ~ man mii
Gift jaa-phít
giftig pen-phít
Glaube khwaam-schûüa
glauben schûüa
gleich mŭan-kan; *(sofort)* than-thii
gleichen pen-mŭan-kan
gleichzeitig phróɔm-kan
Glück schôok-dii
glücklich pen-sùk
Glückwunsch kham-ooiphon
Gott phrá-dschâo
gratis hâi-plàao
gratulieren ooiphon
groß jài
Größe *(Kleidung)* khanàad; *(bildlich)* khwaam-săm-khan
Großmutter *(mütterlicherseits)* jaai; *(väterlicherseits)* jäa
Großvater *(mütterlicherseits)* taa; *(väterlicherseits)* pùu
Grund *(Ursache)* hèt-phŏn; *(Boden)* phüün-din
Gruppe klùm
grüßen kham-náb
gültig schái-dâi
gut dii
Gutschein bai-khûün-khɔ̆ɔng

H

haben mii
Haken ta-khɔ̆ɔ
halb khrûng
Hälfte khrûng-nùng
halt! jùd sí
haltbar thon-thaan
halten *(dauern)* thon; *(stehen bleiben)* jùd; *(festhalten)* dschàb
handgemacht tham-dûai-müü
hart khăng
hässlich nâa-klìiad
häufig bɔ̀ɔi
hauptsächlich sùan-jài
Hauptstadt müüang-lŭang
Haus bâan
heben jók
heilig sàk-sìt
Heimat bâan-kòöd
heimlich sɔ̂ɔn-rêen
Heimreise döön-thîiao-klàb-bâan
heiraten tàäng-ngaan
heiß rɔ́ɔn
heißen schûü
helfen, jdm ~ schûai-lŭüa
hell sawàang
herausgeben mɔ̂ɔb-hâi
herein! khâo-maa sí
hereinkommen khâo-maa
Herr naai
herrlich dii-lôt
Herz dschai
herzlich jàang-dsching-dschai
hier thîi-níi
Hilfe khwaam-schûai-lŭüa
Himmel thɔ́ɔng-fáa
hinausgehen döön-ɔ̀ɔk-pai-khâang-nɔ̂ɔk
hindern kìid-khwăang
hineingehen khâo-pai
hinlegen nɔɔn-long
hinten khâang-lăng
hinter khâang-lăng
hinterlegen fàak-wái
hinzufügen tööm
hoch sŭung
höchstens jàang-mâak
Hochzeit kaan-sŏm-rót

Hof laan-lăng-bâan
hoffen wăng
höflich sù-phâap
Höhe khwaam-sŭung
Höhepunkt jɔ̂ɔd
holen pai-ao-maa
Holz mái
hören fang
hübsch sŭai
Hügel nöön
Hund măa
hungrig hĭu-khâao
Hütte krà-thɔ̂ɔm

I

ich *(weiblich)* di-schăn; *(männlich)* phŏm
Idee khwaam-khíd-hĕn
ihr *(poss prn)* khɔ̆ng-khăo; *(pers prn)* khăo
Imbiss aahăan-wâang
immer samŏŏ
in nai
inbegriffen rûam-jùu
informieren bɔ̀ɔk-hâi-sâab
Inhalt porimaan-khwaam-dschù
innen jùu-khâang-nai
Insekt malääng
Insel kɔ̀
interessant nâa-sŏn-dschai
interessieren, s. ~ (für) sŏn-dschai
international rá-wàang-pràthêet
Irrtum kaan-khâo-dschai-phìd

J

Jahr pii
Jahreszeit rŭduu
jährlich thúuk-pii
jede(r, -s) thúuk
jemand khrai-khon-nùng
jene(r, -s) khon-nán
jetzt dĭiao-níi
jung jao
Junge dèk-schaai
Junggeselle schaai-sòd

K

kalt jen
Kanal khlɔɔng
kaputt tààk-sĭia
Kasse kam-pàn
Katze mäao
kaufen sŭü
kaum kùüab-dschà-mâi
Kaution kaan-prakan
kein mâi mii; **~er** mâi mii khrai
kennen rúu-dschàk
kennen lernen tham-khwaam-rúu-dschàk
Kind dèk
Kiste hìib
klar săi
Klasse schán
Kleidung sûüa-phâa
klein lék
Klima phuum-aakàat
klingeln sàn-krà-dìng
klug schàlàad
kochen prung-aahăan
Koffer krapăo-döön-thaang
Kollege/Kollegin phûu-rûam-ngaan
kommen maa
Kompass khĕm-thít
können dâi; *(gelernt haben)* săa-mâat
Konsulat sàthăan-kong-sŭn
Kontakt kaan-tìd-tɔ̀ɔ
kontrollieren trùat-sɔ̀ɔb
Korb tà-krâa
Körper râang-kaai
kosten mii-rakhaa; *(versuchen)* schim-rót
kostenlos hâi plàao-plàao

Kraft rääng
krank pùai
Krankenwagen rót-phajaabaan
kreativ sâang-san
kritisieren wí-dschaan
Küche khrua
kühl năao
Kultur wád-taná-tham
Kummer khwaam-sâo-sòk
kümmern, s. ~ um ao-dschai-sài
Kunde/Kundin lûuk-kháa
kurz sân
kurzfristig bằäb-kathan-hăn
Kuss kaan-dschùub
küssen dschùub
Küste fàng-thalee

L

lachen hŭarɔ́
lächerlich nâa-hŭarɔ́
Lage thîi-tâng
Lampe ta-kiiang
Land prathêet; *(Boden)* thîi-din; *(Gegensatz zu Wasser)* phằän-din
Landsmann khon-rûam-schâat
lang jaao
Länge khwaam-jaao
langsam scháa
langweilig nâa-bùüa
Lärm sĭiang-takon
lassen hâi
lästig jûng
laufen wîng
laut sɔ̀ɔd-khlɔ̀ɔng; *(Lärm)* dang
läuten tii-rákhang
Leben schiiwít
leben mii schiiwít
lebhaft râa-rööng
leer wâang-plàao
legen waang-long
lehren sɔ̆ɔn
leicht *(Gewicht)* bao; *(einfach)* ngâai
leider nâa-sĭia-daai
leihen jüüm
leise sĭiang-bao
Leiter/in phûu-nam
lernen riian
lesen àan
letzte(r, -s) sùd-tháai
Leute phûu-khon
Licht sằäng
lieb thîi-rák
Liebe khwaam-rák
lieben rák
liebenswürdig mii-náam-dschai
lieber schɔ̂ɔb mâak-kwàa
Liebling khon-rák
Lied phleeng
liegen nɔɔn
Linie sên
linke(r, -s) sáai
links khâang-sáai
loben schom-schööi
Loch ruu
lösen kâä-ɔ̀ɔk; *(Problem)* kâä-pan-hăa; *(Beziehung)* lôök
Luft aakàat
Luftzug lom-kròk
Lüge kham-thét
lustig talòk
Lust aarom; ~ **haben** mii aarom

luxuriös rŭu-răa

M

machen tham
Mädchen phûu-jĭng
mager phɔ̆ɔm; *(Fleisch)* mâi-mii-man
Mahlzeit mûü-aahăan
malen thaa-sĭi
man khon-rao
Mann phûu-schaai; *(Ehe~)* săamii

männlich pen-phûu-schaai
Mannschaft *(Sport)* schúd-nák-kiilaa; *(Militär)* phon-thahǎan; *(Schiff)* lûuk-rüüa
Maschine khrûang
Material wád-thù
Medizin jaa
Meer thalee
mehr mâak-kwàa
mein(e) khɔ̌ng-phǒm
meinen mii khwaam-khíd
meinetwegen taam-dschai
Meinung khwaam-hěn
melden dschâäng; *(berichten)* raai-ngaan
Menge dscham-nuan
Mensch khon
merken sǎng-kèed; **s. etw ~** dscham-dâi
Messe dschàd-sadääng
mich di-schǎn
mieten schâo
mild dschùüd
mindestens nɔ́ɔi-thîi-sùd
Minute naathii
mir di-schǎn
misstrauen mâi-schûüa-dschai
Missverständnis khwaam-khâo-dschai-phìd
mit kàb
mitbringen tìd-müü-pai-dûai
Mitleid khwaam-sǒng-sǎan
mitnehmen tìd-pai-dûai
Mittag weelaa-thîiang
Mitte trong-klaang
Mitteilung kaan-bɔ̀ɔk-khàao
Mittel wíthii-kaan; *(Heilmittel)* jaa
Möbel khrûang-rüüan
Mode samǎi
modern than-samǎi
mögen schɔ̂ɔb; *(wünschen)* pràat-thanǎa
möglich pen-pai-dâi
Möglichkeit khwaam-pen-pai-dâi
Monat düüan
monatlich thúk-düüan
Mond duang-dschan
Morgen weelaa-scháo
Möwe nók-naang-nuan
Mücke jung
müde nùüai
Mühe khwaam-jâak-lambàak
Müll khàjà
Mülltonne thang-khàjà
Mündung pàak-náam
Musik dontrii
müssen tɔ̂ng
Mutter mâä

N

nach *(Zeit, Reihenfolge)* lǎng; *(Richtung)* tɔ̀ɔ
Nachbar/in phûüan-bâan
Nachmittag weelaa-bàai
Nachricht khàao
nächste(r, -s) nâa
Nacht khüün
nackt krǒn
Nadel khěm
nahe klâi
Nähe, in der ~ von klâi-schíd
nähern, s. ~ klâi-khâo-pai
Name schûü
nass pìiak
Natur thamaschâat
natürlich mǔan-thamaschâat
neben khâang
negativ pen-kaan-pàthìsèet
nehmen ao
nennen tâng-schûü
nervös ngùd-ngìd
nett dschai-dii
neu mài
neugierig jàak-rúu-jàak-hěn
Neuigkeit khɔ̌ɔng-mài

nicht mâi; **gar ~** mâi lööi
nichts mâi-mii-arai
nie mâi-khööi
nieder, niedrig tàm
niemand mâi-mii-khrai
nirgends mâi-mii-thîi-năi
noch jang-khong; **~ nicht** jang mâi ...
Nonne naang-schii
Norden thíd-nŭüa
nördlich von jùu nai thíd-nŭüa dschàak
normal thamadaa
normalerweise pokatì
Notfall karanii-schùk-schŏön
notwendig dscham-pen
nüchtern mâi mao
Nummer tua-lêek
nur thâo-nán

O

ob rŭü-mâi
oben khâang-bon
obwohl mâä-wâa
oder rŭü
offen pòöd
öffentlich saathaa-raná
offiziell thaang-kaan
öffnen pòöd
Öffnungszeiten weelaa-pòöd-pratuu
oft bɔ̀ɔi
ohne pràasa-dschàak
Ort sathăan thîi
Osten thíd-tawan-ɔ̀ɔk
Österreich prathêet-ɔ́ɔsatria
Österreicher/in khon-ɔ́ɔsatria
östlich von jùu nai thíd-tawan-ɔ̀ɔk dschàak

P

Paar, ein ~ khûu; *(Ehe~)* khûu-sŏm-rót
paar, ein ~ bâang
Panorama thásanii-jáphâap-tháng-mòd
Park sŭan-săa-thaa-raná
parken dschɔ̀ɔd-rót
passen mɔ̀
Pauschale ngön-kɔ̀ɔn-diiao
Person bùk-khon
Personal khaná-phûu-rûam-ngaan
persönlich sùan-tua
Pfad thaang-döön
Pfand khɔ̆ɔng-prakan
Pflanze tôn-mái
pflücken dèd
Plakat pâai-pràkàat
Plan phăän-kaan; *(Absicht)* khrong-kaan
Platz sathăan-thîi
plötzlich dooi-schàb-phlan
positiv bàäb-nâä-nɔɔn
praktisch schái-dâi
Preis *(Kosten)* rakhaa; *(Gewinn)* raang-wan
Priester phrá
privat *(Unternehmen)* sùan-tua; *(vertraulich)* sùan-bùk-khon
pro tàä-lá
Probe *(Erprobung)* kaan-thód-lɔɔng; *(Waren~)* tua-jàang
Problem pan-hăa
Produkt phàlìd-phŏn
Programm raai-kaan
Prospekt rabìiab-kaan
protestieren khád-kháan
provisorisch schûa-khraao
Prozent sùan-rɔ́ɔi
prüfen trùat
Publikum phûu-fang
pünktlich trong-weelaa
putzen tham-hâi-sà-àat

Q

Qualität khunaphâap
quer durch khâam
Quittung bai-ráb-ngön

R

Rabatt sùan-lód
Radio wíthajú; *(Gerät)* khrûang-wíthajú
Rasen sanăam-jáa
Rat kham-nắnam
raten *(empfehlen)* nắnam; *(erraten)* dao
rauchen mii khwan; *(Zigarette)* sùub
Raucher/in khon thîi sùub bùrìi
Raum *(Platz)* thîi-wâang; *(Zimmer)* hɔ̂ɔng; *(Zone)* boriween
Rechnung bai-sèt
Recht sìt-thí
Recht haben mii sìt-thí
rechts khâang-khwăa
rechtzeitig trong-weelaa
reden phûud
regelmäßig pokatì
regeln khûab-khum
Regierung ráthabaan
Region boriween
reich râm-ruai
reichen *(über~)* jûün-hâi; *(aus~)* phɔɔ-phiiang
reif sùk; *(geistig)* dscharöön-tòöb-to-tem-thîi
reinigen tham-hâi-sà-àat
Reise kaan-dӧӧn-thaang
Reiseführer nák-khú-thêet-thɔ̂ɔng-thîiao
Reisegesellschaft borisàt-thɔ̂ɔng-thîiao
reisen (nach) dӧӧn-thaang
Reisende, der/die ~ nák-thɔ̂ɔng-thîiao
reißen schìik
reklamieren rîiak-rɔ́ɔng
rennen *(laufen)* wîng-reo
reparieren sɔ̂ɔm-sääm
reservieren dschɔɔng
retten schûai-lǜüa
richtig thùuk-tɔ̂ɔng; *(geeignet)* mà-sŏm
Richtung khâang
riechen dom
Risiko kaan-sĭiang-phai
Route sên-thaang
Rückfahrt kaan-dӧӧn-thaang-klàb
Rückkehr kaan-klàb
Rucksack khrûang-lăng
rücksichtslos mâi-rúu-dschàk-kreeng-dschai
rückwärts khâang-lăng
rufen rîiak
Ruhe kaan-phák-phɔ̀ɔn; *(Stille)* khwaam-ngîiab
ruhig ngîiab
rund klom

S

Saal hɔ̂ɔng-thŏng
Sache sìng; *(Angelegenheit)* rûüang
sagen bɔ̀ɔk
Saison rǘduu
sammeln rûab-ruam
satt ìm
Satz pràjòk; *(Sport, zusammengehörende Sachen)* kaan-tâng
sauber sa-àat
schade, Wie ~! nâa-sĭia-daai
schaden hâi-thôt
schädlich bàäb-hâi-thôt
Schatten ngao
schätzen *(taxieren)* pra-möön-khâa; *(hoch ~)* náb-thǚü
schauen mɔɔng-duu

Schaufenster tûu-sadääng-sǐn-kháa-nâa-ráan
schenken hâi-khɔ̌ɔng-khwǎn
schicken sòng
Schild pâai
schimpfen dâa-wâa
schlafen nɔɔn-làb
schlagen tii
Schlamm khlon
Schlange nguu; *(Menschen)* phǒm-piia; ~ **stehen** khâo-thǎäo
schlank phɔ̌ɔm
schlau schàlàad-kääm-kong
schlecht leeo
schließen pìd
schlimm ráai
Schloss pra-sàat; *(Tür)* kun-dschää
schmal khâäb
schmecken schim-rót
schmerzen dschèb-pùad
schmuggeln lák-lɔ̂ɔb-nam-khâo
Schmutz khɔ̌ɔng-sòkapròk
schmutzig sòkapròk
schnarchen kron
schneiden tàd
schnell reo
schon lǽäo
schön sǔai
schrecklich nâa-klua
schreiben khǐian
schreien rɔ́ɔng
Schrift tua-àksǒn
schriftlich dooi-laai-lákanà-àksǒn
schüchtern khǐl-aai
Schuld khwaam-phìd; *(Geld)* nîi
schulden pen-nîi
Schule roong-riian
schwach ɔ̀ɔn-ää
Schwager *(älterer ~)* phîi-khǒöi; *(jüngerer ~)* nɔ́ɔng-khǒöi
Schwägerin *(ältere ~)* phîi-saphái; *(jüngere~)* nɔ́ɔng-saphái
schweigen mâi-phûud-mâi-dschaa
Schweiz prathêet-sawídsöölään
Schweizer/in schaao-sawídsöölään
schwer *(Gewicht)* nàk; *(schwierig)* jâak
Schwester *(ältere ~)* phîi-sǎao; *(jüngere ~)* nɔ́ɔng-sǎao
schwierig jâak
schwimmen wâai-náam
Schwindler phûu-lɔ̂ɔk-luang
schwindlig nâa-wiian-hǔa
schwitzen ngùa-ɔ̀ɔk
See thalee-sàap
sehen hěn
sehr mâak-mâak
Seil schûüak
sein *(Verb)* pen
sein(e) khɔ̌ng-khǎo
seit tâng-tàä
Seite khâang; *(Buch)* bai, nâa-nǎng-sǚü
Sekunde wí-naathii
selbst eeng
selten hǎai-jâak
Sendung khɔ̌ɔng-sòng
servieren ráb-schái
setzen waang; **s.** ~ nâng long
Sex sék
sicher plɔ̀ɔd-phai; *(gewiss)* nâä-nɔɔn
Sicherheit khwaam-plɔ̀ɔd-phai; *(Gewissheit)* khwaam-nâä-nɔɔn
Sicherung fiiu
Sicht kaan-hěn
sie khǎo; *(pl)* khǎo
Sie khun
Signal sǎnjaan
singen rɔ́ɔng-phleeng
Sinn *(Wahrnehmung)* khwaam-rúu-sùk; *(Bedeutung)* khwaam-mǎai
Sitz thîi-nâng; *(Ort)* thîi-jùu-aa-sǎi

sitzen nâng
so dang
sofort dĭiao-níi
Sohn bùt-schaai
sollen phüng-dschà
Sonder... ... phísèed
sorgen, s. ~ um pen-hùang
Sorte schaníd
Spaß khwaam-sanùk; *(Vergnügen)* kaan-phlôd-phlön
spazieren gehen döön-thîiao
Spaziergang kaan-döön-lên
speziell pen-phísèed
spielen lên
Spitze lăäm
Sport kiilaa
Sportplatz sanăam-kiilaa
Sprache phaasăa
sprechen phûud
springen krà-dòd
Staat rát
Stadt müüang
Stadtplan phăän-thîi-müüang
Stadtteil tambon
stammen (aus) maa dschàak
stark khăäng-rääng
statt thään-thîi
stattfinden kòöd-khûn
Staub fùn
stechen tɔ̀ɔi
Steg thaang-döön-tháo-khââb-khââb
stehen jüün
stehen bleiben jùd
stehlen khàmoi
steil sŭung-schan
Stein hĭn
steinig tem-pai-dûai-hĭn
Stelle *(Ort)* sathăan-thîi; *(Arbeit)* kaan-ngaan
stellen waang
Stempel mââ-phim
sterben taai
Stern daao
still ngîiab
Stimme sĭiang-phûud
stimmen *(richtig sein)* thùuk-tɔ̂ɔng; *(wählen)* ɔ̀ɔk-sĭiang
stinken mĕn
Stock mái-tháo; *(Haus)* schán
Stoff wát-thù
stören rób-kuan
stornieren *(Zimmer/Flug)* jók-lôök
Stoß kaan-phalàk
Strafe thôt; *(Geldstrafe)* ngön-khâa-pràb
Strand hàad-saai
Straße thanôn
Strauß *(Blumen)* phuang
Strecke rájá
Streichholz mái-khìid-fai
Streit kaan-thá-lɔ́
Strom *(el)* fai-fáa; *(Wasser)* mââ-náam
Strömung krasăä-náam
Stück schín
studieren sùksăa
Stuhl kâo-îi
Stunde schûa-moong
stürzen tòk
suchen hăa
Süden thít-tâi
südlich von jùu nai thíd-tâi dschàak
Summe phŏn-bùak
süß wăan
sympathisch jàang-hĕn-ɔ̀k-hĕn-dschai

T

Tabak jaa-sùub
Tag wan
tanken tööm-náam-man-bensin
Tanz kaan-tên-ram
Tasche krapăo
Tatsache khwaam-dsching

tauschen lâäk-plìian
täuschen, s. ~ lɔ̂ɔk-luang
Teil sùan
teilen bàäng-sùan; **mit jdm ~** rûam-sùan
teilnehmen (an) khâo-rŭam
telefonieren thorasàp
Termin weelaa-thîi-kam-nòd
teuer phääng
tief lùk
Tier sàt
Tipp plaai
Tisch tó
Tochter lûuk-săao
Tod khwaam-taai
Ton sĭiang; *(Farbe)* kaan-pràb-sĭi
tot taai
Tour kaan-thɔ̂ɔng-thîiao
Tourist/in nák-thɔ̂ɔng-thîiao
Tracht khrûang-tàäng-kaai
tragen bàäk
Traum khwaam-făn
traurig sâo-dschai
treffen phób
trennen jâäk-ɔ̀ɔk
Treppe ban-dai
treu sûa-sàt
trinken dùüm
trocken hâäng
trocknen tàak-hâi-hâäng
trotzdem mâä-krà-nán
trüb khùn-mua
Tuch sûüa-phâa
tun tham
Tunnel ù-mong
Tür pratuu
Tüte thŭng
typisch pen-tua-jàang

U

üben fùk-hàd
über *(räumlich)* nŭüa; *(von)* khâam
überall thûa-pai
Übergang kaan-plìian-plääng; *(Weg)* thaang-khâam
überholen khûn-nâa-pai
übernachten kháang-khüün
überqueren khâam-pai
überrascht tham-hâi-pra-làad-dschai
überreden schuan-dschai
übersetzen *(Sprache)* plää; *(räumlich)* khâam-pai
übertrieben köön-khwaam-dsching
überzeugen tham-hâi-nâä-dschai
üblich schên-khööi
übrig bleiben jang-khong
Übung kaan-fùk-hàd
Ufer fàng
um *(herum)* rɔ̂ɔb; *(Zeitangabe)* weelaa; *(gegen)* pramaan
umarmen kɔ̀ɔd
Umgebung sìng-wâäd-lɔ́ɔm
umgekehrt klàb-trong-kan-khâam
umkehren hăn-klàb
Umrechnung kaan-kham-nuan-lâäk-plìian-khɔ̆ɔng
umsonst sĭia-plàao; *(vergeblich)* rái-phŏn
umtauschen lâäk-plìian-khɔ̆ɔng
Umweg thaang-ɔ̂ɔm
Umwelt sìng-wâäd-lɔ́ɔm
umziehen plìian-khrûang-tàäng-tua
umziehen, s. ~ plìian-sûüa-phâa
unangenehm mâi-pen-thîi-thùuk-dschai
unanständig mâi-mɔ̀
unbedingt dsching
und lǽ
unentschlossen mâi-nâä-dschai
unerfreulich mâi-pen-thîi-phɔɔ-dschai

unerträglich lǔüa-thîi-dschà-thon-dâi
Unfall ùbàtihèet
ungeeignet mâi-mɔ̂-sŏm
ungefähr pramaan
ungewöhnlich phìd-thamadaa
unglaublich mâi-nâa-schûüa
Unglück schôok-ráai
Universität mahăa-wíthajaalai
Unkosten khâa-schái-dschàai
unmöglich pen-pai-mâi-dâi
uns rao
unschuldig rái-diang-săa
unser, unsere khɔ̆ng-rao
unten khâang-lâang
unter khâang-tâi; *(zwischen)* nai-rá-wàang
unterbrechen khàd-khwăang
unterhalb phaai-tâai
unterhalten, s. ~ sŏn-thánaa
Unterhaltung *(Vergnügen)* khwaam-phlôd-phlön; *(Gespräch)* kam-sŏn-thánaa-kan
Unterkunft thîi-phák-aasăi
unterrichten sàng-sɔ̆ɔn; *(informieren)* dschâäng
Unterschied khwaam-tàäk-tàang
unterschreiben long-naam
Unterschrift laai-sen
untersuchen trùat-duu
unterwegs klaang-thaang
unverbindlich mâi-mii-phí-thii-rii-trɔɔng
unverschämt thalûng
unwahrscheinlich mâi-nâa-dschà-pen-pai-dâi
unwichtig mâi-sămkhan
Urlaub rájá-jùd-ngaan

V

Vater phɔ̂ɔ
Verabredung kaan-nad-phób
verabschieden, s. ~ hâi-ɔ̀ɔk
Veränderung kaan-plìian-plääng
Veranstaltung kaan-dschàd
verantwortlich ráb-phìd-schɔ̂ɔb
verbessern tham-hâi-dii-khûn
verbieten hâam-praam
Verbindung kaan-tìd-tɔ̀ɔ-kan
Verbot kaan-hâam
verboten hâam
Verbrauch kaan-bori-phòk
verbrennen phăo
verbringen pai-jùu
verdorben sĭia-pai-lǽäo
Verein kaan-rûam-kan
vereinbaren tòk-long-kan
Vergangenheit à-dìit-kaan
vergehen phàan-pai
vergessen lüüm
vergleichen prìiab-thîiab
Vergnügen kaan-phlôd-phlön
verheiratet tàäng-ngaan
verhindern pɔ̂ɔng-kan
verirren, s. ~ lŏng-thaang
Verkauf kaan-khăai
verkaufen khăai
Verkehr kaan-dscharaa-dschon
verlangen rîiak-rɔ́ɔng; *(fordern)* tɔ̂ng-kaan
verlängern tɔ̀ɔ-hâi-jaao
verlassen dschàak-pai
verlieren tham-hăai; *(Sport, Wette)* phǽä
Verlobte, der/die ~ khûu-mân-schaai/khûu-mân-jǐng
Verlust kaan-khàad-thun
vermeiden ɔ̀ɔk-hàang-dschàak
vermieten hâi-schâo
Vermittler khon-klaang
Verpackung hìib-hɔ̀ɔ
verpassen phalâad-pai
Verpflegung kaan-dschàd-aahăan
verpflichtet sein nóm-iiang

verrechnen, s. ~ khíd-kham-nuan
verreisen döön-thaang
verrückt bâa
verschieben lûüan
verschließen pìd-wái
verschwinden hăai-pai
Versicherung kaan-prakan-phai
versorgen mit dschàd-hăa-hâi
verspäten, s. ~ maa-scháa
Versprechen kham-mân-sănjaa
verständigen, jdn ~ dschâäng-hâi-sâab; **s. ~** tham-khwaam-khâo-dschai
verstehen khâo-dschai
versuchen phajaajaam; *(Speisen)* schim-rót
Vertrag sănjaa
vertragen ɔ̀ɔd-thon
Vertrauen khwaam-wái-waang-dschai
verunglücken thùuk-ùbàtihèet-taai
verursachen pen-tôn-hèet
Verwaltung kaan-dschàd-kaan
verwandt săm-phan-kan
verwechseln sàb-sŏn
verwenden schái-pen-prà jòt
Verzeichnis banschii-raai-schûü
verzögern tham-hâi-scháa
verzweifelt bàäb-mòd-kamlang-dschai
viel mâak
vielleicht baang-thii
Villa bâan-khɔ̆ng-phûu-dii
Vogel nók
Volk prà-schaa-schon
voll *(voll besetzt)* tem-mòd; *(ganz)* tháng-mòd
Vollmacht amnâat-sŏm-buun
Volt wón
von dschàak; *(Passiv)* khɔ̆ng
vor *(räumlich)* nâa; *(zeitlich)* kɔ̀ɔn
Voraus, im ~ jùu-khâang-nâa
vorbereiten triiam
Vorfahrt sìt-thí-pai-kɔ̀ɔn
vorher kɔ̀ɔn
vorletzte(r, -s) kɔ̀ɔn-sùd-tháai
Vormittag weelaa-scháo
vorn khâang-nâa
vornehm pen-phûu-dii
Vorort tambon-schaan-müüang
Vorrat phásadùu
Vorschlag kham-nánam
Vorschrift bàäb-khìian
Vorsicht! rawang
vorsichtig ramád-rawang
vorstellen, s. ~ nánam-hâi
Vorstellung kaan-sadääng; *(Theater)* dschin-ta-naa-kaan
Vorteil phŏn-pra-jòt
vorüber *(räumlich)* phàan-pai; *(zeitlich)* kòöd-láäo
vorwärts pai-khâang-nâa
vorziehen schɔ̂ɔb mâak-kwàa

W

wach tüün-jùu
wachsen dscharöön
wagen sìiang-phai
wählen *(auslesen)* lûüak; *(pol.)* khád-lûüak
wahr dsching
während rá-wàang-weelaa
wahrscheinlich nâa-dschà-pen-dâi
Wand făa-phanăng
wandern thɔ̂ɔng-thîiao
warm ɔ̀ɔb-ùn; *(heiß)* rɔ́ɔn
warnen (vor) tàk-tüüan
warten khɔɔi
was arai
waschen láang
Wasser náam
Watt nùai-kamlang-fai-fáa
Wechsel kaan-plìian-plääng
Wechselgeld ngön-thɔɔn

wecken plùk
Weg thaang
weg pai-hâi-phón
wegen phrɔ́
weggehen dschàak-pai
weiblich mŭan-phûu-jĭng
weich ɔ̀ɔn
weigern, s. ~ pathìsèet
weil phrɔ́-wâa
weinen rɔ́ɔng-hâi
weit *(entfernt)* klai; *(Gegenteil von eng)* kwâang
Welt lôk
wenig nɔ́ɔi; **ein ~** níd-nɔ̀ɔi
wenigstens jàang-nɔ́ɔi-thîi-sùd
wenn thâa; *(zeitlich)* weelaa
werden klaai-pen; *(Futur)* dschá
werfen jon
werktags pradscham-wan-tham-ngaan
Wert khun-khâa
wertlos mâi-mii-khâa
Wertsachen khɔ̌ɔng-mii-khâa
Wespe tua-măa-râa
Westen thíd-tawan-tòk
westlich von jùu nai thíd-tawan-tòk dschàak
wichtig sămkhan
wie jàang-rai
wieder ìik
wiederholen tham-jám
wiederkommen klàb-maa
wiegen schâng
Wiese thûng-jâa
Wild sàt-pàa
willkommen jin-dii-tɔ̂ɔn-ráb
winken bòk-müü
wir rao
wirklich dsching
Wirt/in dschâo-ráan-aahăan
Wissen khwaam-rúu
Witz kham-talòk
Woche aathít
wöchentlich thúk-thúk-aathít
wohlhabend mii-sáp
wohnen aasăi-jùu
Wohnung thîi-aasăi
wollen tɔ̂ng-kaan
Wort kham
wunderbar nâa-pra-làad
wundern, s. ~ (über) plääk-dschai
wünschen pràat-thanăa
Wurm nɔ̌ɔn
Wut khwaam-kròot
wütend kròot

Z

Zahl tua-lêek
zahlen dschàai
zählen náb
zärtlich dûai-khwaam-rák-khrâi
Zeichen khrûang-măai
zeichnen wâad-khĭian
zeigen sadääng
Zeit weelaa
Zeitung năng-sŭü-phim
zentral sùan-klaang
Zentrum sŭun-klaang
zerstören tham-laai
ziehen lâak; *(Zahn)* thɔ̌ɔn
Ziel pâo
ziemlich mɔ̀-sŏm
zögern lang-lee-dschai
zornig kròot
zu *(zu viel)* köön-pai; *(Richtung)* pai-thŭng; *(geschlossen)* pìd
zubereiten phasŏm
zuerst kɔ̀ɔn
zufällig dooi-bang-öön
zufrieden phɔɔ-dschai
zugreifen khwáa-ao
zuhören, jdm ~ fang
Zukunft anaa-khót
zukünftig nai-anaa-khót
zulässig jɔɔm-dâi
zuletzt nai-thîi-sùd

zurück klàb
zurückbringen hâi-khüün
zurückfahren khàb-rót-pai-klàb
zurückgeben hâi-khüün
zurückkehren klàb-maa
zusagen jin-jɔɔm
zusammen dûai-kan
Zusammenstoß kaan-schon-kan
zusätzlich phȏöm-tööm
zuschauen fâo
Zuschauer phûu-fâo
Zustand saphâap
zuständig mii-khwaam-săa-mâat
zustimmen jin-jɔɔm
zuverlässig wái-waang-dschai-dâi
zweite(r, -s); zweitens thîi-sɔ̌ɔng
zwingen bang-kháb
zwischen rá-wàang
Zwischenfall ùbàtihèet

Thailändisch – Deutsch

Die Vokabeln sind nach Lauten geordnet. So findet man „aa" bei „a", „ä" und „ö" bei „e", „ü" bei „i". „dsch" steht nach „sch". Bitte nicht vergessen: „r" wird oft wie „l" ausgesprochen!

A

à-dìit-kaan Vergangenheit
aahăan Essen, Gericht, Lebensmittel, Nahrung; **aahăan-wâang** Imbiss
aajú Alter
aakàat Luft; Wetter
amnâat-sŏm-buun Vollmacht
àan lesen
anaa-khót Zukunft
ang-krìd englisch
antaraai Gefahr; **antaraai fai-mâi** feuergefährlich
an-thắä-dsching eigentlich
ànú-jâat erlauben
ànú-jâat hâi genehmigen
ao nehmen
àao-lék Bucht
ao-maa bringen
ao-pai wegbringen
ao-dschai-sài Acht geben (auf), s. kümmern um
arai was; **arai-ná** (wie) bitte?
aarom Lust, Laune, Verfassung
aasăi-jùu bleiben, wohnen
aaschîip Beruf
àthíbaai erklären
aathít Woche

B *(siehe auch unter* **P***)*

bâa blöd(e), schwachsinnig, verrückt
bai *(Buch)* Seite
bai-khûün-khɔ̆ɔng Gutschein
bai-mái Blatt
bai-phàan-khâo Eintrittskarte
bai-ráb-ngön Quittung
bai-sèt Rechnung
bâan Haus
ban-dai die Leiter, Treppe
bâang einige, ein paar
baang dünn
bang-kȍöd geschehen
bang-kháb zwingen
baang-sìng-baang-jàang etwas
baang-thii vielleicht
bâan-kȍöd Heimat
bâan-khɔ̆ng-phûu-dii Villa
bâan-râi Bauernhof
banschii-raai-schûü Verzeichnis
ban-dschù enthalten
bao *(Gewicht)* leicht
bȁäb-àtanomát automatisch
bȁäb-fɔɔm Formular
bȁäb-hâi-thôt schädlich
bȁäb-kathan-hăn kurzfristig
bȁäb-khĭian Vorschrift
bȁäb-mòd-kamlang-dschai verzweifelt
bȁäb-nâä-nɔɔn positiv
bȁäb-schád-dschâäng ausdrücklich
bȁäb-schaníd Gattung, Art
bȁäk tragen

bään flach
bȁäng-sùan teilen
bin fliegen
bòk-müü winken
bon auf
borisàt Firma
borisàt-thɔ̂ɔng-thîiao Reisegesellschaft
boriween Raum; Zone; Region
bɔ̀ɔi häufig, oft
bɔ̀ɔk sagen
bɔ̀ɔk-hâi-sâab informieren
bùk-khon Person
bùt-schaai Sohn

D

dâi können
dâi-kȍöd geboren
dâi-ráb bekommen, erhalten, erlangen
dang *(Lärm)* laut
dang so
dang-nán also
dang-schên zum Beispiel
daao Stern
dao (er)raten
dâa-wâa schimpfen
dèd pflücken
dèd-khàad endgültig
dèk Kind; **dèk-ɔ̀ɔn** Baby; **dèk-schaai** Junge
döön *(zu Fuß)* gehen
döön-ɔ̀ɔk-pai-khâang-nɔ̂ɔk hinausgehen
döön-thaang fahren, (ver)reisen (nach)
döön-thîiao spazieren gehen
döön-thîiao-klàb-bâan Heimreise
dii gut, wohl
düüan Monat
dȉiao-níi gerade, jetzt, sofort
dii-kwàa lieber, eher, besser
dii-lɔ̂t herrlich
dȕüm trinken
dȕüm-hâi-mao s. betrinken
di-schăn *(weiblich)* ich, mich, mir
dii-dschai s. freuen über; froh
dii-thîi-sùd beste(r, -s)
dooi durch
dooi-bang-öön zufällig
dooi-laai-lákanà-àksŏn schriftlich
dooi-schàb-phlan plötzlich
dɔ̀ɔk-baan blühen
dɔ̀ɔk-mái Blume
dom riechen
dontrii Musik
dûai auch; durch
dûai-kan zusammen
dûai-khwaam-rák-khrâi zärtlich
duang-dschan Mond

E

eeng selbst

F

fai Feuer
fai-fáa *(el)* Strom
fai-mâi Brand
fàak-wái hinterlegen
fang hören, jdm. zuhören
fàng Ufer
fàng-thalee Küste
fâo bewachen, zuschauen
făa-phanăng Wand
faràng-sèet französisch
fȕk-had üben
fiiu Sicherung
fùn Staub

G: *siehe unter* **K**, *das in Thailand fast wie unser „G" ausgesprochen wird*

H

hǎa suchen
hàad-saai Strand
hâi geben, lassen
hâi plàao-plàao kostenlos
hǎai-jâak selten
hâi-khüün zurückgeben, zurückbringen
hâi-khɔ̌ɔng-khwǎn schenken
hâi-ngön-sòd bar zahlen
hâi-ɔ̀ɔk s. verabschieden
hǎai-pai verschwinden
hâi-plàao gratis
hâi-schâo vermieten
hâi-thôt schaden
hâam verboten
hâam-praam verbieten
hǎn-klàb umkehren
hěn sehen
hâäng trocken
hèet-kaan Ereignis, Vorfall; *(Sport)* Wettbewerb
hèt-phǒn Ursache, Grund
hìib Kiste
hìib-hɔ̀ɔ Verpackung
hǐn Fels, Stein
hǐu-khâao hungrig
hǐu-náam durstig
hɔ̀ɔ (ein)packen; Paket
hɔ̂ɔng Zimmer, Raum
hɔ̂ɔng-thǒng Saal
hǔa-mum Ecke
hǔa-nâa Chef
hǔarɔ́ lachen

I

iiang Böschung
ùüd-àd-dschai betreten, verlegen
ìik wieder
ìm satt
ùün der/die/das andere

J

jaa Medizin, Mittel
jâa *(väterlicherseits)* Großmutter
jài groß
jaai *(mütterlicherseits)* Großmutter
jâak schwierig, schwer
jàak-rúu-jàak-hěn neugierig
jang mâi ... noch nicht
jàang dai jàang nùng entweder ... oder ...
jàang-hěn-ɔ̀k-hěn-dschai sympathisch
jàang-jin-dii erfreut (über)
jang-khong übrig bleiben; noch
jàang-mâak höchstens
jàang-nɔ́ɔi-thîi-sùd wenigstens
jàang-rai wie
jàang-dschai-dii freundlich
jàang-dsching-dschai herzlich
jàang-thamadaa einfach
jaao lang
jao jung
jaa-phít Gift
jaa-sùub Tabak
jâäk-ɔ̀ɔk trennen
jen kühl, frisch, kalt
jööraman deutsch
jìiab betreten
jüüm leihen
jüün stehen
jin-dii-tɔ̂ɔn-ráb willkommen
jûün-hâi (über)reichen
jüün-jan behaupten, bestehen auf
jin-jɔɔm zusagen, zustimmen
jók heben, erhöhen
jók-lôök stornieren
jók-thôot sich entschuldigen
jon werfen
jɔɔm-dâi zulässig
jùd (an)halten, stehen bleiben, aufhören
jùd sí halt!
jûng lästig
jung Mücke

júròp Europa
júti-tham gerecht, fair
jùu s. befinden, da sein, sich aufhalten; anwesend
jùu-khâang-nâa im Voraus
jùu-khâang-nai innen
jùu-lǻäo bereits
jùu nai thíd-nǚüa dschàak nördlich von
jùu nai thíd-tâi dschàak südlich von
jùu nai thíd-tawan-ɔ̀ɔk dschàak östlich von
jùu nai thíd-tawan-tòk dschàak westlich von

K=G

*(zur Erinnerung: „k" wird nicht so hart ausgesprochen wie im Deutschen, sondern eher wie „g". „kh" entspricht einem härteren gehauchten „k". Daher ist „**Kh**" getrennt nach „**K**" aufgeführt)*

kàb mit
kàd beißen
kam-pàn Kasse
kam-sǒn-thánaa-kan Gespräch, Unterhaltung
kaan-ànú-jâat Erlaubnis
kaan-bɔ̀ɔk Auskunft
kaan-bɔ̀ɔk-khàao Mitteilung
kaan-bori-phòk Verbrauch
kaan-döön-lên Spaziergang
kaan-döön-thaang Fahrt, Reise
kaan-döön-thaang-khâam-phàan Durchreise
kaan-döön-thaang-klàb Rückfahrt
kaan-döön-thîiao-lên Bummel
kaan-duu-thùuk Beleidigung
kaan-fùk-hàd Übung
kaan-fùk-ngaan Ausbildung
kaan-hâi-raan-wan Belohnung
kaan-hâam Verbot
kaan-hěn Sicht
kaan-jîiam Besuch
kaan-jin-dii-ráb-rɔɔng Gastfreundschaft
kaan-jɔ̂ɔ-khwaam Abkürzung
kaan-kèb-kìiao Ernte
kaan-khàad-thun Verlust
kaan-khǎai Verkauf
kaan-khǎai-rú Ausverkauf
kaan-kham-nuan-lâäk-plìian-khɔ̌ɔng Umrechnung
kaan-khâo-dschai-phìd Irrtum
kaan-khɔ̌ɔ-thôot Entschuldigung
kaan-khún-khööi Bekanntschaft
kaan-klàb Rückkehr
kaan-kɔ̀ɔ-sâang Bau, Anlage
kaan-lûüak Auswahl, Wahl
kaan-lód-jɔ̀ɔn Ermäßigung
kaan-mɔɔng Blick
kaan-nad-phób Verabredung
kaan-ngaan *(Arbeit)* Stelle
kaan-plìian-plääng Übergang, Veränderung, Wechsel
kaan-prakan Kaution
kaan-prakan-phai Versicherung
kaan-pràb-sǐi *(Farbe)* Ton
kaan-phák-jùu Aufenthalt
kaan-phák-phɔ̀ɔn Erholung, Rast, Ruhe
kaan-phalàk Stoß
kaan-phàan-khâo Eintritt
kaan-phísùut Beweis
kaan-phlôd-phlön Vergnügen
kaan-phûud Gespräch
kaan-ráb-rɔɔng Garantie
kaan-ráb-schái Bedienung
kaan-rôöm-tôn Anfang
kaan-rɔ́ɔng-phleeng Gesang
kaan-rûam-kan Verein
kaan-sadäängg Vorstellung
kaan-sadääng-nâa (Gesichts-) Ausdruck
kaan-sǐiang-phai Risiko

kaan-sùksǎa Erziehung
kaan-sǒm-rót Heirat, Hochzeit, Ehe
kaan-schalɔɔng Fest
kaan-schon-kan Zusammenstoß
kaan-schɔ̂ɔ-kong Betrug
kaan-schûai-lǚüa Gefälligkeit
kaan-schûai-tham Gefallen
kaan-dschàd Ordnung, Sperre; Veranstaltung
kaan-dschàd-aahǎan Verpflegung
kaan-dschàd-kaan Verwaltung
kaan-dscharaa-dschon Verkehr
kaan-dschòb-long Ende
kaan-dschùub Kuss
kaan-tam-nì Beanstandung
kaan-tâng *(Sport, zusammengehörende Sachen)* Satz
kaan-tên-ram Tanz; *(Fest)* Ball
kaan-tìd-tɔ̀ɔ Kontakt
kaan-tìd-tɔ̀ɔ-kan Verbindung
kaan-tòb-müü Beifall
kaan-thá-lɔ́ Streit
kaan-thód-lɔɔng Probe, Erprobung, Versuch
kaan-thɔ̂ɔng-thîiao Tour
kào *(Sache)* alt
kâo-îi Stuhl
karanii-schùk-schǒ̈ön Notfall
karunaa bitte
kàä *(Lebewesen)* alt
kèb-rák-sǎa aufbewahren
kèb-wái behalten
kòöd-khûn s. ereignen, stattfinden
kòöd-láäo *(zeitlich)* vorüber
kèng mâak ausgezeichnet
köön-khwaam-dsching übertrieben
köön-pai zu (viel)
kâä-ɔ̀ɔk lösen, auspacken
kâä-pan-hǎa *(Problem)* lösen
kùüab-dschà fast
kùüab-dschà-mâi kaum
kìiao-kàb-júròp europäisch
kìid-khwǎang hindern
kiilaa Sport
kin essen
kin-aahǎan-scháo frühstücken
kin-weelaa dauern
kiríjaa Art, Weise
klàb zurück
klàb-maa wiederkommen, zurückkehren
klàb-trong-kan-khâam umgekehrt
klâi nahe, bei
klai weit, entfernt
klâi-khâo-pai s. nähern
klaai-pen werden
klâi-schíd in der Nähe von
klaang-thaang unterwegs
klìn Geruch
klom rund
klua (be)fürchten
klùm Gruppe; (Schlüssel-)Bund
kɔ̀ Insel
kɔ̀ɔd umarmen
kɔ̀ɔn *(zeitlich)* eher, vor(her), bevor, (zu)erst
kɔɔng-dàb-phlöng Feuerwehr
kɔ̀ɔn-sùd-tháai vorletzte(r, -s)
krà-dòd springen
kra-hǎai-náam durstig
krapǎo Tasche
krapǎo-döön-thaang Koffer
kràpɔ̌ɔng Büchse, Dose
krasǎä-náam Strömung
kra-thób-kra-thüüan *(Gefühl)* berühren
krà-thɔ̂ɔm Hütte
krǒn nackt
kron schnarchen
kròot s. ärgern über; verärgert, böse, wütend, zornig
kun-dschää *(Tür)* Schloss
kwàa *(Vergleich)* als

kwâang breit; *(Gegenteil von eng)* weit

Kh

kháb eng
khàb *(lenken)* fahren
khàb-rót Auto fahren
khàb-rót-pai-klàb zurückfahren
khàad fehlen
khád-kháan protestieren
khâad-kha-nää rechnen mit
khàd-khwăang unterbrechen
khád-lûüak *(pol.)* wählen
khâad-măai erwarten
khăai verkaufen
khàjà Müll, Abfall
khâam quer durch, *(von)* über
kham Wort
kham-mân-sănjaa Versprechen
kham-náb grüßen
kham-nắnam Rat, Vorschlag
khàmoi stehlen
kham-ooiphon Glückwunsch
khâam-pai überqueren, überschreiten
kham-talòk Witz
kham-thalăäng Angabe
kham-thăam Frage
kham-thét Lüge
khanàad Format, *(Kleidung)* Größe
khànà-nân *(zeitlich)* eben
khaná-phûu-rûam-ngaan Personal
khâang neben; Richtung, Seite
khâang-bon oben
kháang-khüün übernachten
khâang-khwăa rechts
khâang-lâang unten
khâang-lăng hinten, hinter, rückwärts
khâang-nâa vorn
khâang-nai *(räumlich)* innerhalb, drin, drinnen
khâang-nɔ̂ɔk außen, draußen
khâang-sáai links
khâang-tâi unter
khâo eintreten
khàao Nachricht
khăo er, sie; *(pers prn)* ihr
khâo-maa hereinkommen
khâo-maa sí herein!
khâo-pai eintreten, betreten, hineingehen
khâo-rŭam teilnehmen (an)
khâo-dschai verstehen
khâo-thăäo Schlange stehen
khâa-phàan-pratuu Eintrittspreis
khâa-schái-dschàai Unkosten, Spesen
khâa-tham-niiam Gebühr
khâäb schmal
khàäk Gast
khĕm Nadel
khĕm-thít Kompass
khăän Arm
khăng hart, fest
khàäng-khăn-khwaam-reo *(Wettkampf)* rennen
khăäng-rääng stark
khîi-aai schüchtern
khĭian schreiben
khíd-kham-nuan berechnen; s. verrechnen
khíd-thŭng denken an
khîi-kìat faul
khüün Nacht
khûn-nâa-pai überholen
khûn-pai hinaufgehen; aufwärts
khlon Schlamm
khlɔɔng Kanal
khŏm bitter
khon Mensch
khon-diiao allein

khon-jööraman der/die Deutsche
khon-khǎai-plaa Fischhändler
khon-klaang Vermittler
khon-nán jene(r, -s)
khon-ɔ́ɔsatria Österreicher/in
khon-plä̀äk-nâa der/die Fremde
khón-phób entdecken
khon-rák Liebling
khon-rao man
khon-rûam-schâat Landsmann
khon-rúu-dschàk-kan der/die Bekannte
khon thî̂i sùub bùrì̀i Raucher/in
khɔ̀ɔb khun danken
khɔɔi warten
khɔ̌ng *(Passiv)* von
khɔ̌ng-khǎo *(poss prn)* ihr, sein(e)
khɔ̌ng-khun euer, eure
khɔ̌ɔng-khwǎn Geschenk
khɔ̌ɔng-mài Neuigkeit
khɔ̌ɔng-mii-khâa Wertsachen
khɔ̌ɔng-prakan Pfand
khɔ̌ng-phǒm mein(e)
khɔ̌ng-rao unser, unsere
khɔ̌ɔng-sòkapròk Schmutz
khɔ̌ɔng-sòng Sendung
khɔ̌ɔng-ton-eeng eigen
khɔ̌ɔng-trong-kan-khâam Gegenteil
khɔ̌ɔ-rɔ́ɔng jdn um etw bitten
khrai-khon-nùng irgendein(e, -er, -es), jemand
khráng-nùng einmal
khrûang Maschine
khrûang-àtanomát Automat
khrûang-dàb-phlöng Feuerlöscher
khrûang-lǎng Rucksack
khrûang-mǎai Zeichen, Kennzeichen
khrûang-müü Apparat
khrûang-rüüan Möbel
khrûang-tä̀äng-kaai Tracht
khrûang-wíthajú *(Gerät)* Radio
khrûng halb
khrûng-nùng Hälfte
khrong-kaan *(Absicht)* Plan
khrɔ̂ɔb-khrua Familie
khrua Küche
khûab-khum regeln
khùad Flasche
khun du, Sie
khunaphâap Qualität
khunasǒm-bàt Eigenschaft
khun-eeng euch
khun-khâa Wert
khún-khööi gewohnt sein
khùn-mua trüb
khûu doppelt; ein Paar
khûu-mân-jǐng die Verlobte
khûu-mân-schaai der Verlobte
khûu-sǒm-rót Ehepaar
khwáa-ao zugreifen
khwaam-dii-dschai Freude
khwaam-fǎn Traum
khwaam-hěn Meinung
khwaam-jàak-aahǎan Appetit
khwaam-jâak-lambàak Mühe
khwaam-jaao Länge
khwaam-khâo-dschai-phìd Missverständnis
khwaam-khíd-hěn Ansicht, Meinung, Idee
khwaam-klua Angst, Furcht
khwaam-kròot Wut
khwaam-mǎai Bedeutung, Sinn, Bezeichnung
khwaam-nä̂ä-nɔɔn Genauigkeit, Gewissheit, Sicherheit
khwaam-ngî̂iab *(Stille)* Ruhe
khwaam-ɔ̀ɔd-thon Geduld
khwaam-pen-pai-dâi Möglichkeit
khwaam-plɔ̀ɔd-phai Sicherheit
khwaam-phìd Schuld, Unrecht
khwaam-phìd-phalâad Fehler

khwaam-phlôd-phlön Vergnügen, Unterhaltung
khwaam-rák Liebe
khwaam-ramád-rawang Achtung, Vorsicht
khwaam-reo Geschwindigkeit, Schnelligkeit
khwaam-rúu Wissen, Kenntnis
khwaam-rúu-sùk *(Wahrnehmung)* Sinn, Gefühl
khwaam-sǎa-mâat Anlage, Fähigkeit
khwaam-sǎm-khan *(bildlich)* Größe
khwaam-sanùk Spaß
khwaam-sâo-sòk Kummer
khwaam-sǒng-sǎan Mitleid
khwaam-sǔung Höhe
khwaam-schûüa Glaube
khwaam-schûai-lǚüa Hilfe
khwaam-dsching Tatsache, Wahrheit
khwaam-taai Tod
khwaam-tàäk-tàang Unterschied
khwaam-wái-waang-dschai Vertrauen

L

laa Esel
láb geheim
lǎi fließen
la-ìiad-ɔ̀ɔn fein
laai-sen Unterschrift
lâak ziehen
lák-lɔ̂ɔb-nam-khâo schmuggeln
lǎak-sǐi bunt
lambàak anstrengend
lǎan Enkel/in
láang waschen
lǎng *(Zeit, Reihenfolge)* nach
lang-lee-dschai zögern
láang-rûup *(Film)* entwickeln
laan-lǎng-bâan Hof
lâo erzählen
lǽ und
lék klein
lôök *(Beziehung)* lösen
lâäk-plìian (aus-, ver-)tauschen
lâäk-plìian-khɔ̌ɔng umtauschen
lǎäm Spitze
làäng Ursprung, Quelle
lǽäo dann, schon; *(zeitlich)* vorbei
lên spielen
lěo flüssig
leeo schlecht
lûüak wählen, aussuchen
lûüan aufschieben, verschieben
lǚüa-thǐi-dschà-thon-dâi unerträglich
líf Fahrstuhl
lùk tief
lüüm vergessen
lôk Erde, Welt
lom-kròk Luftzug
long khâang-lâang abwärts
long-banschii buchen
long-naam unterschreiben
lǒng-thaang s. verirren
lɔ̀ɔk-luang s. täuschen, schwindeln
lúk-khûn aufstehen
lûuk-kháa Kunde, Kundin
lûuk-nâng Ball
lûuk-rüüa *(Schiff)* Mannschaft
lûuk-sǎao Tochter

M

mǎa Hund
maa kommen
maa dschàak stammen (aus)
mahǎa-wíthajaalai Universität
mái Holz
mái-khìid-fai Streichholz
mái-tháo Stock
mài neu, frisch

mâi brennen
mâi nicht
mâi mao nüchtern
mâi mii kein
mâi-jùu abwesend sein, fehlen; abwesend
mâi-khööi nie
mâi-lööi gar nicht
mâi-mii-arai nichts
mâi-mii-khâa wertlos
mâi-mii-khrai niemand
mâi-mii-man *(Fleisch)* mager
mâi-mii-ngaan-tham arbeitslos
mâi-mii-phí-thii-rii-trɔɔng unverbindlich
mâi-mii-thîi-năi nirgends
mâi-mɔ̀ unanständig
mâi-mɔ̀-sŏm ungünstig, ungeeignet
mâi-nâa-schûüa unglaublich
mâi-nâa-dschà-pen-pai-dâi unwahrscheinlich
mâi-nââ-dschai unentschlossen
mâi-pen-rai macht nichts!; *(Antwort auf Dank)* bitte
mâi-pen-thîi-phɔɔ-dschai unerfreulich
mâi-pen-thîi-thùuk-dschai unangenehm
mâi-phûud-mâi-dschaa schweigen
mâi-rúu-dschàk-kreeng-dschai rücksichtslos
mâi-sămkhan unwichtig
mâi-schûüa-dschai misstrauen
mâak viel
mâak-kwàa mehr
mâak-mâak sehr
malääng Insekt
malääng-wan Fliege
man mii es gibt
máa-nâng (Sitz-)Bank
mao betrunken
maa-scháa s. verspäten
mà-sŏm *(geeignet)* richtig
maa-thŭng eintreffen
mââ Mutter
mäao Katze
mǽä-krà-nán trotzdem
mĕn stinken
mââ-phim Stempel
mââ-wâa obwohl
mii haben
mii khwaam-khíd meinen
mii khwan rauchen
mii pra-sòb-kaan *(adj)* erfahren
mii sìt-thí Recht haben
mii sùkhaphâap dii fit
mii schûü-sĭiang berühmt
mii schiiwít leben
mǘü-aahăan Mahlzeit
mûa-mii-okàat gelegentlich
müüang Stadt
müüang-lŭang Hauptstadt
mŭan-kan ähnlich, gleich, dasselbe
mŭan-phûu-jĭng weiblich
mii-antaraai gefährlich
mŭan-thamaschâat natürlich
mûa-tɔɔn-nân damals
mûüd dunkel, finster
mii-khăi-man-mâak fett
mii-khwaam-săa-mâat zuständig
mii-náam-dschai liebenswürdig
mii-rakhaa kosten
mii-sáp wohlhabend
mii-schûü-sĭiang-thîi-sâab-tûa-kan bekannt
mòd aus, zu Ende
mɔ̀ passen
mɔ̂ɔb-hâi herausgeben
mɔɔng-duu ansehen, schauen
mɔ̀-sŏm angemessen, zweckmäßig, ziemlich
mùu-bâan Dorf

N

nâa *(räumlich)* vor
nâa nächste(r, -s)
nǎa *(Sache)* dick
náb zählen
nâa-bùüa langweilig
náb-thǚü *(hoch ~)* schätzen
nâa-hǔarɔ́ lächerlich
naai Herr
nai in
nai-anaa-khót zukünftig
nai-mâi-scháa bald
nai phaasǎa jööraman auf Deutsch
nai thaang trong-kan-khâam im Gegenteil
nai-thîi-sùd endlich, zuletzt
nai-weelaa-thîi-reo-kwàa-dööm früher
nàk *(Gewicht)* schwer
nák-khú-thêet-thɔ̂ɔng-thîiao Reiseführer
nâa-klìiad hässlich
nâa-klua schrecklich
nâa-klua-mâak fürchterlich
nák-thɔ̂ɔng-thîiao der/die Reisende, Tourist/in
náam Wasser
nam führen
náam-nàk Gewicht
nân *(Ort)* da
nâa-nǎng-sǚü *(Buch)* Seite
nâng sitzen
nâng-long s. setzen
naang-sǎao Fräulein
nǎng-sàt Fell, Pelz
nǎng-sǚü Buch
nǎng-sǚü-phim Zeitung
naang-schii Nonne
nâao *(Obst)* faul
nǎao frieren; kühl
nâa-pra-làad wunderbar
nâa-sǐia-daai leider; Wie schade!
nâa-sǒn-dschai interessant
nâa-schûün-dschai entzückend
nâa-dschà-pen-dâi wahrscheinlich
naathii Minute
nâa-wiian-hǔa schwindlig
nâän dicht, fest
nöön Hügel
nɛ́nam empfehlen, raten, vorschlagen
nɛ́nam-hâi s. vorstellen
nâä-nɔɔn bestimmt, genau, gewiss, sicher
ngâai einfach, leicht
ngaan Arbeit, Tätigkeit
ngao Schatten
ngön Geld
ngön-khâa-pràb Geldstrafe
ngön-kɔ̂ɔn-diiao Pauschale
ngön-thɔɔn Wechselgeld
ngîiab ruhig, still
ngûan-khǎi Bedingung
ngùa-ɔ̀ɔk schwitzen
ngô dumm, blöd(e)
ngùd-ngìd nervös
nguu Schlange
nîi diese(r, -s)
nîi *(Geld)* Schuld
nǚüa *(räumlich)* über
nùüai müde
níd-nɔ̀ɔi ein bisschen, etwas
níjom-schái gebräuchlich
nùng ein(e), eins
nók Vogel; **nók-naang-nuan** Möwe
nóm-iiang verpflichtet sein
nɔ́ɔi gering, wenig
nɔ́ɔi-thîi-sùd mindestens
nɔ̂ɔk-nǚüa außerhalb
nɔ̂ɔk-dschàak außer, übrigens
nɔ̂ɔk-dschàak-nán außerdem
nɔ̌ɔn Wurm
nɔɔn liegen
nɔ́ɔng-khǒöi jüngerer Schwager
nɔ́ɔng-sǎao jüngere Schwester

nɔ́ɔng-saphái jüngere Schwägerin
nɔ́ɔng-schaai jüngerer Bruder
nɔɔn-làb (ein)schlafen
nɔɔn-long hinlegen
nùai-kamlang-fai-fáa Watt

O

ooiphon gratulieren
okàat Anlass, Gelegenheit

Ɔ

ɔ̀ɔb-ùn warm
ɔ̀ɔd-thon vertragen
ɔ̀ɔk ab
ɔ̀ɔk-döön-thaang abreisen (nach)
ɔ̀ɔk-döön-thaang-pai abfahren (von)
ɔ̀ɔk-hàang-dschàak vermeiden
ɔ̀ɔk-pai-ráb-rɔɔng-hâi bescheinigen
ɔ̀ɔk-sǐiang *(wählen)* stimmen
ɔ̀ɔn weich
ɔ̀ɔn-ää schwach

P *(weich ausgesprochen, fast wie „b")*

pâai Schild; **pâai-pràkàat** Plakat
pai gehen
pai dûai begleiten
pai-ao-maa holen
pai-hâi-phón weg
pai-jîiam jdn besuchen
pai-jùu verbringen
pai-khâang-nâa vorwärts
pai-nɔɔn-làb schlafen gehen
pai-ráb abholen
pai-sǐa fort
pai-thîiao ausgehen
pai-thǔ̌ng *(Richtung)* zu
pàak-náam Mündung
pan-hǎa Problem
pâo Ziel
pà-phâa flicken
pàtìsèet ablehnen, leugnen, sich weigern
pathá-kan dagegen sein
pöö̀d aufmachen, öffnen; offen, auf, geöffnet
pen *(Verb)* sein; *(Eigenschaft)* beschaffen
pen-khɔ̌ng gehören
pen krà-thüü-rüü-rón begeistert (von)
pen tàang-prathêet ausländisch
pen-hùang s. sorgen um
pen-jɔ́-jɔ́i gefälscht, falsch
pen-kaan-pàtìsèet negativ
pen-khɔ̌ng-phǘün-müüang einheimisch
pen-lûm-lǒng bezaubernd
pen-mǔan-kan gleichen
pen-nîi schulden
pen-pai-dâi möglich
pen-pai-mâi-dâi ausgeschlossen, unmöglich
pen-phàsǒm gemischt
pen-phǘ̂üan-kan befreundet sein
pen-phísèed besonders, speziell
pen-phít giftig
pen-phûu-dii vornehm
pen-phûu-schaai männlich
pen-sùk glücklich
pen-tôn-hèet verursachen
pen-tua-jàang typisch
pii Jahr
pìiak nass
pìd schließen, zumachen; *(Licht)* ausmachen; geschlossen, zu
pìd-wái verschließen
plaa Fisch
plaai Tipp

plää *(Sprache)* übersetzen
plä̀äk fremd
pläák-dschai s. wundern (über)
plìian ersetzen
plìian-khrûang-tä̀äng-tua umziehen
plìian-sûüa-phâa sich umziehen
plôn jdn aufhalten
plɔ̀ɔd-phai sicher
plùk aufwecken, wecken
pokatì normalerweise, regelmäßig
pɔ̂ɔng-kan (be)schützen, verhindern, verteidigen
porimaan-khwaam-dschù Inhalt
pràb tua hâi schin kàb aakàat s. akklimatisieren
pràjòk Satz
prakɔ̀ɔb-pen-rûup bilden, formen
pramaan etwa, ungefähr; *(gegen)* um
pra-möön-khâa *(taxieren)* schätzen
pràasa-dschàak ohne
pra-sàat Schloss
prà-schaa-schon Volk
pradscham-wan-tham-ngaan werktags
pràat-thanăa wünschen; *(wünschen)* mögen
pratuu Tür
prathêet Land
prathêet-jööraman Deutschland
prathëet-ɔ̀ɔsatria Österreich
prathêet-sawídsöölään Schweiz
prà-wàt-sàat Geschichte
prìiab-thîiab vergleichen
prung-aahăan kochen
pùai krank
pùu *(väterlicherseits)* Großvater

Ph

phaai-lăng-dschàak-nân danach
phaai-tâai unterhalb
phajaajaam s. bemühen, versuchen, probieren
phák-phɔ̀ɔn s. ausruhen, s. erholen
phalâad-pai verfehlen
phàlìd-phŏn Erzeugnis, Produkt
phàan-khâo-pai durch
phàan-pai passieren, vergehen; *(räumlich)* vorbei, vorüber
phan-rajaa Ehefrau
phăo verbrennen
phàap Zeichnung, Bild
phaasăa Sprache
phásadùu Vorrat
phasŏm zubereiten
phaa-schaná Behälter
phat-taa-khaan-lék-lék Café
pháthanaa entwickeln
phắä *(Sport, Wette)* verlieren
phȫöm-tööm zusätzlich
phä̌än-din *(Gegensatz zu Wasser)* Land
phääng kostspielig, teuer
phä̌än-kaan Plan
phä̌än thîi-müüang Stadtplan
phûüan Freund/in
phûüan-bâan Nachbar/in
phǘün-hɔ̂ɔng Fußboden
phìd falsch
phìd-săng-kèt außergewöhnlich
phìd-thamadaa ungewöhnlich
phìd-wăng enttäuscht
phǘün-din Grund, Boden
phûng Biene
phüng-dschà sollen
phísèed besondere(r, -s), extra; Sonder...
phîi-khȍöi älterer Schwager
phîi-săao ältere Schwester
phîi-saphái ältere Schwägerin

phîi-schaai älterer Bruder
phleeng Lied
phób finden, treffen
phób-kan begegnen
phŏm *(männlich)* ich
phŏm-piia *(Menschen)* Schlange
phŏn Ergebnis, Wirkung
phŏn-bùak Summe
phŏn-kam-rai Gewinn
phŏn-pra-jòt Vorteil
phɔ̂ɔ Vater
phɔɔ genug
phɔ̌ɔm dünn, schlank, mager
phɔ̂ɔ-mâä Eltern
phɔɔ-phiiang (aus)reichen
phɔɔ-dschai befriedigt, zufrieden
phrá Mönch, Priester
phrá-dschâo Gott
phrɔ́ denn, wegen
phrɔ́ɔm bereit
phrɔ́ɔm-kan gleichzeitig
phrɔ́-schanán deshalb
phrɔ́-wâa *(Grund)* da, weil
phuang *(Blumen)* Strauß
phûm-mái Busch
phûu-aasăi-jùu Bewohner, Einwohner
phûud reden, sprechen
phûud-àthíbaai beschreiben
phûu-döön-tháo Fußgänger
phûu-doi-săan Fahrgast
phûud-ɔ̀ɔk-sĭiang aussprechen
phûu-fang Publikum
phûu-fâo Zuschauer
phûu-jài Erwachsene(r)
phûu-jĭng Frau, Mädchen
phûu-khàb-rót Fahrer
phûu-khon Leute
phûu-lɔ̂ɔk-luang Schwindler
phuum-aakàat Klima
phûu-nam Führer, Leiter/in
phûu-rûam-ngaan Kollege, Kollegin
phûu-schaai Mann
phûu-dschâo-khɔ̌ɔng Besitzer

R *(oft wie „l" ausgesprochen)*

rabìiab-kaan Prospekt
ráb-phìd-schɔ̂ɔb verantwortlich
ráb-rɔɔng bestätigen
ráb-sâab *(v) (Information)* erfahren
ráb-schái (be)dienen, servieren
rái-diang-săa unschuldig
rái-phŏn *(vergeblich)* umsonst
ráai böse, schlimm
raai-kaan Liste, Programm
raai-ngaan *(berichten)* melden
rájá Strecke
rájá-jùd-ngaan Urlaub
rájá-thaang Entfernung
rájá-weelaa Dauer, (Zeit-)Abschnitt
rák lieben
rakhaa Kosten, Preis
ramád-rawang vorsichtig, sorgfältig
râm-ruai reich
râang-kaai Körper
raang-wan *(Gewinn)* Preis
rao wir; uns
râa-rööng lebhaft
rát Staat
ráthabaan Regierung
rá-wàang inzwischen, zwischen
rawang aufpassen (auf), s. hüten (vor), Vorsicht!
rá-wàang-pràthêet international
rá-wàang-weelaa während
râäk erste(r, -s)
rôöm-tôn anfangen
rääng Kraft
rêeng-dùan dringend
rêeng-rîib eilig
reo schnell

reo-mâak-thîi-sùd-thâo-thii-dschà-tham-dâi so bald wie möglich
rǚü oder
rîiab flach, eben; schlüpfrig, glatt; sanft; schlicht, einfach
rîiab sogar
rîiak rufen
rîiak-rɔ́ɔng verlangen, reklamieren
riian lernen
rûüang Thema, Gegenstand, Angelegenheit, Sache
rûüang-raao Geschichte, Erzählung
rîib s. beeilen; es eilig haben
rǘduu Jahreszeit, Saison
rǚü-mâi ob
rób-kuan belästigen, stören
roong-ngaan Fabrik
roong-riian Schule
rót-jon Auto
rót-phajaabaan Krankenwagen
rót-schâat Geschmack
rɔ̂ɔb *(herum)* um
rɔɔi-prà-tháb Eindruck
rɔ́ɔn heiß, warm
rɔ́ɔng schreien; **rɔ́ɔng-hâi** weinen; **rɔ́ɔng-phleeng** singen; **rɔ́ɔng-thúk** s. beschweren (über)
rûab-ruam sammeln, zusammenrechnen
rûam-jùu inbegriffen
rûam-kan gemeinsam
rûam-sùan mit jdm teilen
ruu Loch
rûup-bǎäb Form
rǔu-rǎa luxuriös
rúu-sùk fühlen, bemerken, erfahren, erleben
rúu-sùk-plǎäk-dschai eigen(artig)
rúu-dschàk kennen

S

sa-àat *(Wäsche)* frisch, sauber
sabaai gesund
sàb-sǒn verwechseln
sadääng zeigen
sadùak angenehm, bequem
sáai linke(r, -s)
sǎai (Strom-, Telefon-)Leitung
sǎi klar
sài-kun-dschää abschließen, zuschließen
sakòd-tua buchstabieren
sàk-sìt heilig
samǎi Mode
sǎa-mâat *(gelernt haben)* können
samǒ̈ö immer, stets
sǎamii Ehemann
sǎmkhan bedeutend, wichtig
sǎmnák-ngaan Amt, Büro
sǎm-phan-kan verwandt
sǎm-phàt fühlen, berühren, betasten
sǎmràb an, für
sǎmràb nân dafür sein
sân kurz
sǎan *(Justiz)* Gericht
sanǎam-jáa Rasen
sanǎam-kiilaa Sportplatz
sànǒ̈ö (an)bieten
sàng-jùd-sòng-khɔ̌ɔng abbestellen
sǎng-kèed beobachten, merken
sǎng-kèt-duu beachten
sangòb-long s. beruhigen
sâang-san kreativ
sàng-sɔ̌ɔn unterrichten
sǎnjaa versprechen; Vertrag
sǎnjaan Signal
sǎnjaan-fai-mâi Feuermelder
sàn-krà-dìng klingeln
sâo-dschai traurig
saphâap Umstand, Zustand
sàt Tier
sàt-pàa Wild

sàthăan-kong-sŭn Konsulat
sathăan-thîi Ort, Stelle, Platz
sathăan-thûut Botschaft, dipl. Vertretung
săathaa-raná öffentlich
sawàang hell
sék Sex
sên Linie
sǎäng Licht
sên-thaang Route
sèt fertig
sǘü kaufen
sǐi náam-taan braun
sǐia-daai s. beklagen (über)
sǐiang Klang, Ton
sǐiang-bao leise
sǐiang-dang Geräusch
sìiang-phai wagen
sǐiang-phûud Stimme
sǐiang-takon Lärm
sǐia-pai-lǻäo verdorben
sǐia-plàao umsonst
sûüa-phâa Tuch; Kleidung
sûa-sàt treu
sîid bleich
sǘü-khɔ̌ɔng einkaufen
sùksăa studieren
sìng Sache
sìng-khɔ̌ɔng Ding, Artikel
sìng-kɔ̀ɔ-sâang Gebäude
sìng-thään Ersatz
sìng-thîi-tham-hâi-sòd-schûün Erfrischung
sìng-wâäd-lɔ́ɔm Umgebung, Umwelt
sìt-thí Recht
sìt-thí-pai-kɔ̀ɔn Vorfahrt
sòb-aarom genießen
sòd frisch
sɔ̀ɔd einschalten
sɔ̀ɔd-khlɔ́ɔng laut
sòkapròk schmutzig
sŏm-buun *(vollständig)* ganz
sɔ̂ɔm-sääm reparieren
sɔ̌ɔn lehren, erziehen, bilden
sòng senden, schicken; **sòng-hâi** abgeben, übergeben, zustellen
sŏng-săan bedauern
sɔ̂ɔn-rêen heimlich
sŏn-dschai s. interessieren (für)
sŏn-thánaa s. unterhalten
sùad-mon beten
sŭai schön, hübsch
sùan Teil
sŭan Garten; **sŭan-săa-thaa-raná** (Grün-)Anlage, Park
sùan-bùk-khon vertraulich, privat
sùan-jài hauptsächlich
sùan-klaang zentral
sùan-lód Rabatt
sùan-rɔ́ɔi Prozent
sùan-tua persönlich; *(Unternehmen)* privat
sùd-tháai letzte(r, -s)
sùk reif, gar
sù-phâap höflich
sùub *(Zigarette)* rauchen
sŭung hoch; **sŭung-schan** steil
sŭun-klaang Zentrum

Sch

scháa *(Uhr)* nachgehen; langsam
schad-dscheen deutlich
schái anwenden, gebrauchen, benutzen
schái-dâi gelten; gültig; praktisch
schái-kin-dâi essbar
schái-mòd erschöpft
schái-pen-prà-jòt verwenden
schaai-sòd Junggeselle
schák-schuan auffordern
schàlàad klug
schàlàad-kääm-kong schlau
schà-lìia durchschnittlich

schán Klasse; *(Haus)* Stock; *(Theater)* Rang
schâng wiegen
schaníd Sorte
schán-lâang-khɔ̌ɔng-bâan Erdgeschoss
schâo mieten
schaao-júròp Europäer/in
schaao-sawídsöölään Schweizer/in
schaao-tàang-prathêet Ausländer/in
schên Beispiel
schöön einladen
schên-khööi üblich
schûü heißen; Name
schûüa glauben
schûüa-fang gehorchen, folgen
schûüak Schnur, Seil, Band
schìik (zer)reißen
schim-rót *(Speisen)* versuchen, kosten, schmecken
schín Stück
schûün feucht
schiiwít Leben
schɔ̂ɔb mögen; gern
schɔ̂ɔb mâak-kwàa lieber, vorziehen
schód-schööi *(Schaden)* ersetzen
schôok-dii Glück; *(Trinkspruch)* Toast
schôok-ráai Unglück
schom-schööi bewundern, loben
schûai-hâi-pen-pai-dâi ermöglichen
schuai-lǔua jdm helfen, jdm behilflich sein, retten
schûa-khana-diiao Augenblick
schûa-khraao vorübergehend, provisorisch
schûa-moong Stunde
schuan-dschai überreden
schúd-nák-kiilaa *(Sport)* Mannschaft

Dsch

dschá *(Futur)* werden
dschàb (fest)halten, ergreifen
dschàb-wai fangen
dschàd vereinbaren, ausmachen
dschàd-hǎa-hâi versorgen mit
dschàd-kaan behandeln; funktionieren
dschàd-sadääng Messe
dschàd-tham besorgen
dschàai zahlen, ausgeben
dschai Herz
dschai-dii nett
dschàai-ngön bezahlen
dschàak *(Herkunft)* aus, von
dschàak-pai weggehen, verlassen, ab
dscham-dâi erinnern, s. merken
dscham-nuan Menge, Betrag
dscham-pen brauchen, benötigen; nötig, notwendig
dschâo-khɔ̌ɔng Eigentümer
dschâo-khɔ̌ng-bâan Gastgeber/in
dschâo-nâa-thîi Behörde
dschâo-ráan-aahǎan Wirt/in
dscharöön wachsen
dscharöön-tôob-to-tem-thîi *(geistig)* reif
dschèb-pùad schmerzen
dschââng benachrichtigen, informieren, Bescheid geben
dschââng-hâi-sâab mitteilen, jdn verständigen
dschùüd mild
dsching wahr, wirklich, unbedingt
dsching-dschang ernst
dschin-ta-naa-kaan *(Theater)* Vorstellung
dschòb beenden, abschließen, vollenden
dschòb-long enden
dschɔ̀ɔd-rót parken

dschòd-wái aufschreiben
dschon arm
dschon-kra-thâng-dǐiao-níi bis jetzt
dschɔɔng vorbestellen, reservieren
dschɔɔng-lɑ́äo *(Platz)* besetzt
dschùd anzünden
dschùd Fleck(en), Punkt
dschùub küssen

T

taa *(mütterlicherseits)* Großvater
tàd schneiden
tàd-sǐn-dschai s. entschließen
taai sterben; tot
tàak-hâi-hâäng trocknen
ta-khɔ̌ɔ Haken
ta-kiiang Lampe
tà-krâa Korb
tàk-tüüan warnen (vor)
talòk lustig
tàm nieder, niedrig
tambon Gegend, Ortschaft, Stadtteil
tambon-schaan-müüang Vorort, Vorstadt
taam-dschai meinetwegen
tàang-prathêet Ausland
tâng-schûü nennen
tâng-dschai beabsichtigen
tâng-dschai-khɔɔi sich freuen auf
tâng-tɑ̀ä seit
tɑ̀äk-sǐia kaputt
tɑ̀äk-tàang anders
tɑ̀ä-lá pro
tem voll
tööm hinzufügen, füllen, ausfüllen
tem-mòd voll, besetzt
tööm-náam-man-bensin tanken
tem-pai-dûai-hǐn steinig
tɑ̀äng-ngaan heiraten; verheiratet
tɑ̀äng-tua anziehen
tâä-wâa aber
tii schlagen
tüüan jdn an etw erinnern
tiiang Bett
tìd-müü-pai-dûai mitbringen
tìd-pai-dûai mitnehmen
tìd-taam nachgehen, folgen
tùün-jùu wach
tùün-khûn aufwachen
tii-rákhang läuten
tó Tisch
tɔ̀ɔ *(Richtung)* nach
tɔ̀ɔb (be)antworten, erwidern
tɔ̀ɔ-hâi-jaao verlängern
tɔ̀ɔi stechen
tòk fallen, stürzen
tòk-long vereinbaren, ausmachen
tòk-long-kan vereinbaren, s. einigen
tòk-long-dschai entscheiden, beschließen
tòk-dschai erschrecken
tɔ̂ng müssen
tɔ̂ng-kaan wollen, fordern
tɔɔn-jen Abend
tôn-mái Pflanze, Baum
tɔ̂ɔn-ráb empfangen, begrüßen
tɔ̀ɔ-rɔɔng-rakhaa handeln, feilschen
tɔ̀ɔ-tâan gegen
triiam vorbereiten
trong gerade
trong-kan-khâam gegenüber, entgegengesetzt
trong-klaang Mitte
trong-pai geradeaus, direkt
trong-weelaa rechtzeitig, pünktlich
trùat prüfen

trùat-duu untersuchen, nachsehen, besichtigen
trùat-sɔ̀ɔb nachprüfen, kontrollieren
tua-àksŏn Schrift
tua-lêek Nummer
tua-mǎa-râa Wespe
tua-thään Agentur
tûu-sadääng-sǐn-kháa-nâa-ráan Schaufenster

Th

thâa falls, wenn
thalee Meer
thalee-sàap See
thalûng unverschämt
thǎam fragen
tham tun, machen, handeln
tham dâi dürfen
thamadaa normal, gemein, gewöhnlich
thamaschâat Natur
tham-dûai-müü handgemacht
thǎam-hǎa s. erkundigen
tham-hǎai verlieren
tham-hâi-dii-khûn verbessern
tham-hâi-nää-dschai überzeugen
tham-hâi-pen-hùang s. beunruhigen
tham-hâi-pra-làad-dschai überrascht
tham-hâi-phlôd-phlön s. amüsieren
tham-hâi-rúu-dschàk-kan bekannt machen
tham-hâi-sà-àat putzen, reinigen
tham-hâi-sèt erledigen
tham-hâi-sǐia-hǎai beschädigen
tham-hâi-scháa verzögern
tham-jám wiederholen
tham-khwaam-khâo-dschai sich verständigen
tham-khwaam-rúu-dschàk kennen lernen
tham-laai zerstören
tham-ngaan arbeiten
tham-dschàak *(Material)* aus; bestehen aus
thanaakhaan *(Geldinstitut)* Bank
thaang Weg
thaang-döön Pfad
thaang-döön-tháo-khââb-khââb Steg
thaang-kaan offiziell
thang-khàjà Mülltonne
thaang-khâam *(Weg)* Übergang
thaang-khâo Eingang, Zugang, Zutritt
tháng-mòd ganz, alles
thaang-ɔ̂ɔm Umweg
tháng-sɔ̌ɔng beide
thanôn Straße
than-samǎi modern
than-thii sofort, gleich
thâo-kan genauso wie
thâo-nán einzig, nur
thásanii-jáphâap-tháng-mòd Panorama
thaa-sǐi malen
thâa-thaang Ausblick
thää echt
thään-thîi (an)statt
thîi an, bei
thîi-aasǎi Wohnung
thîi-bâan daheim
thii-diiao *(adv)* ganz
thîi-din Land, Boden
thíd-nǔua Norden
thíd-tâi Süden
thíd-tawan-ɔ̀ɔk Osten
thíd-tawan-tòk Westen
thíd-thaang Direktion
thîi-ùün anderswo
thîi-jùu Wohnort, Wohnsitz; Adresse, Anschrift
thîi-jùu-aa-sǎi *(Ort)* Sitz

thîi-nân dort
thîi-nâng Sitz
thǔng erreichen; bis
thǔng-mǎa trotz, doch
thîi-nii hier
thîi-phák-aasǎi Unterkunft
thîi-rák lieb
thîi-rîiab Ebene
thîi-sǎam dritte(r, -s)
thîi-sɔ̌ɔng zweite(r, -s); zweitens
thîi-schái-fai-fáa elektrisch
thîi-tâng Lage
thiu-thát Ausblick, Ansicht, Aussicht
thîi-wâang Raum, Platz
thɔɔi-kham Ausdruck
thon halten, dauern, ertragen
thɔ̌ɔn *(Zahn)* ziehen
thɔ́ɔng-fáa Himmel
thɔ̂ɔng-thîiao wandern
thon-thaan haltbar
thorasàp telefonieren
thôt Schaden, Strafe
thûa-pai überall
thúk-düüan monatlich
thúk-khon alle
thúk-thúk-aathít wöchentlich
thǔng Beutel, Tüte
thûng-jâa Wiese
thûng-naa Gelände, Feld
thúuk jede(r, -s)
thùuk billig
thúuk-pii jährlich
thùuk-tɔ̂ɔng richtig sein, stimmen; korrekt, recht; richtig
thùuk-ùbàtihèet-taai verunglücken

U

ûan fett; *(Mensch)* dick
ùbàtihèet Zwischenfall, Unfall
ù-mong Tunnel

W

wáa einsam
wâad-khîian zeichnen
wád-taná-tham Kultur
wád-thù Objekt, Material
wâai-náam schwimmen
wái-waang-dschai-dâi zuverlässig
wǎan süß
wan Tag
wan-kὸöd Geburtstag
wan-pìd-thööm Ferien
wan-thîi Datum
wâang frei
wǎng hoffen
waang setzen, stellen
waang-long legen
wâang-plàao leer
wát-thù Stoff
wát-thùu Gegenstand
weelaa Zeit; *(Zeitangabe)* um; *(zeitlich)* wenn
weelaa-bàai Nachmittag
weelaa-pὸöd-pratuu Öffnungszeiten
weelaa-scháo Morgen; Vormittag
weelaa-thîiang Mittag
weelaa-thîi-kam-nòd Termin
wí-naathii Sekunde
wîng laufen; **wîng-reo** rennen, laufen
wí-dschaan kritisieren
wíthajú Radio
wíthii-kaan Mittel
wón Volt

Notizen